rowohlt
BERLIN

Tobias Rüther

MÄNNERFREUNDSCHAFT

Ein Abenteuer

ROWOHLT · BERLIN

1. Auflage Juli 2013

Schrift aus der DTL Documenta PostScript
Gesamtherstellung CPI – Clausen & Bosse, Leck
Printed in Germany
ISBN 978 3 87134 748 1

Für Uli

Everything is copy.

Nora Ephron

INHALT

ES GEHT LOS

Mir ist es selbst passiert. Nicht nur einmal.

Es ist mir passiert, da war ich siebzehn, vielleicht achtzehn, und wir hatten ein Auto und sind einfach losgefahren. Im Radio lief die falsche Musik, es gab keinen Kassettenrecorder, aber vor uns lagen die Felder, und es war kurz vor den Zeugnissen, also hatten wir Zeit und freuten uns, nicht ganz allein auf der Welt zu sein. Keiner sagte was. Und später, auf dem Heimweg, inzwischen war es Nacht geworden, schalteten wir das Licht am uralten Opel aus und fuhren im Mondlicht dahin und kamen uns zweitausend Meter groß vor.

Bis plötzlich, im Dunkeln auf der Landstraße, ein Mann auf dem Mittelstreifen vor uns auftauchte und wir wahnsinnig bremsen mussten. Er winkte, wir fuhren rechts ran, um ihm zu helfen, der Mann war aber nur betrunken und wollte nach Hause. Dass wir das am Ende alle wollen, zurück nach Hause, aber dass kein Weg zurückführt, das habe ich erst viel später verstanden. (Nicht in dem Moment, sondern als Lebenstraum, siehe Thomas Wolfe, «You can't go home again».) Damals war ich zu jung. Damals wohnte ich ja sogar noch zu Hause und wollte eigentlich nichts lieber als weg. In diesem Augenblick aber dachte ich nur daran, was für ein Glück wir Idioten gehabt hatten. Wie glimpflich es ausgegangen war. Denn das

Leben, von dem wir träumten, das wir uns wünschten und immer wieder neu ausmalten, hätte mit dem ausgeschalteten Licht des uralten Opels in dieser Nacht ja ein für allemal vorbei sein können. Nach diesem Moment und wahrscheinlich deswegen sagte erst recht keiner mehr was. Das Radio blieb aus. Und noch etwas später, zwanzig Jahre später, habe ich diese Szene – nicht genauso, aber ungefähr, diese Stimmung, dieses Auto, diese Rastlosigkeit, Unschlagbarkeit, die Felder und die Fehler – im Roman eines Schriftstellers gelesen, der überhaupt nicht dabei war und offenbar trotzdem davon wusste.

Das war unheimlich.

Es ging aber auch andersherum.

Da war ich zwölf, vielleicht dreizehn, der Schulbus kam nicht, und so beschlossen wir, einfach auf den Bahngleisen nach Hause zu laufen. Es war wie in dem Film, der kurz davor ins Kino gekommen war und bei dem wir alle geheult hatten, was wir natürlich erst Jahre später freiwillig zugegeben hätten. Mir kam es jedenfalls so vor wie in dem Film. Aber es spielte sich ja sowieso alles in meinem Kopf ab. Am Ende stellte es sich als riesiger Umweg heraus, die Gleise entlangzulaufen, zu Hause warteten die Mütter mit dem Mittagessen, und eine Leiche haben wir natürlich auch nicht gefunden und keine Hamburger über offenem Feuer gegrillt, noch nicht mal ein Reh haben wir gesehen, es kam auch kein Zug hinter uns her, aber ich dachte die ganze Zeit, genau wie der Junge in diesem Film, aus dem ein Schriftsteller wurde, es im Rückblick über sich selbst sagt: Ich hatte später nie wieder solche Freunde wie damals, als ich zwölf war.

Doch, hatte ich. Habe ich. Ich hatte Freunde, mit denen ich so eng war, dass ich heute, wo es vorbei ist, nicht mehr mit ihnen reden kann, eben weil es vorbei ist. Als seien es Liebesbeziehungen gewesen, wie die mit den Frauen, mit denen ich heute, wo es vorbei ist, auch nicht mehr rede. Aber es sind ja auch Liebesbeziehungen gewesen, randvoll mit sentimentalem Quatsch, großen Schwüren und noch größeren Plänen, was man aus seinem Leben machen kann, wenn man erwachsen ist. Und jetzt, wo ich erwachsen bin, habe ich immer noch so einen Freund, und der sentimentale Quatsch ist nicht weniger geworden, im Gegenteil, er wird eher mehr.

Schwer zu sagen, ob es an diesen Büchern und Filmen und Liedern lag: Ob «Stand by Me» – so hieß der Film, den ich mit zwölf auf den Bahngleisen nachspielte, die Verfilmung einer Erzählung von Stephen King – mich zu dem gemacht hat, der ich bin. Ob ich also wegen einer Geschichte von besten Freunden schon als kleiner Junge von einem besten Freund geträumt habe. Ob ich da etwas sah, was ich auch haben wollte. Oder ob es in Wahrheit andersherum ist: dass ich deshalb bis heute magisch von solchen Geschichten angezogen werde, weil ich mir Antworten in ihnen erhoffe, auf die Frage, warum ich so wurde, wie ich bin. Dass ich Bestätigung in diesen Geschichten suche, mit dieser Sehnsucht nach besten Freunden offenbar nicht ganz allein zu sein. Dass es anderen ähnlich geht. Sonst würde es Romane wie Wolfgang Herrndorfs «Tschick» doch gar nicht geben, wo zwei Jungs ohne Führerschein in einem alten Auto einfach losfahren und beinah nicht mehr zurückkommen. Dann wäre so ein Roman doch auch nicht so wahnsinnig erfolgreich. Herrndorf erzählt darin eine Geschichte, die mir unheimlich bekannt vorkommt, auch wenn ich es natürlich anders erlebt hatte. Bei uns war es ein Opel, bei Maik und Tschick, den zwei Freunden im Buch, ist es ein Lada. Aber das sind Spitzfindigkeiten.

Denn es hat viel mit Einbildungskraft zu tun, glaube ich, wenn man einen besten Freund hat. Mit Möglichkeitssinn. Und wahrscheinlich auch mit Prägung. Von meinem eigenen Vater weiß ich nicht, ob er einen besten Freund hatte. Ich habe ihn nie danach gefragt, und jetzt ist es zu spät. Aber ich erinnere mich daran, wie er uns Kindern immer wieder von einem Buch erzählt hat, das er als Junge gelesen hatte und das von zwei Freunden handelte, irgendwo im hohen Norden, Island wahrscheinlich, er wusste es nicht mehr genau. Ein Abenteuerbuch. Den Titel hatte er auch vergessen, was ihn ärgerte, denn die Geschichte ließ ihn sein Leben lang nicht los. Wenn er gesucht hätte, dann hätte mein Vater als Kind und später noch viele andere Geschichten über beste Freunde gefunden. Mein Großvater auch und dessen Großvater genauso: Man kann in den Jahrhunderten zurückgehen, jede Generation hat sich diese Freundschaftsgeschichten von neuem erzählt. Die Romantiker wahrscheinlich am lautesten und triefendsten, aber sogar im Alten Testament stehen sie, im Ersten Buch Samuel: «Und Jonathan schloss mit David einen Bund, weil er ihn lieb hatte wie sein eigenes Leben. Und Jonathan zog den Mantel aus, den er anhatte, und gab ihn David, auch seine Rüstung und sogar sein Schwert, seinen Bogen und seinen Gürtel.»

Männerfreundschaft. Ein Leitmotiv, eine Lebensmelodie der Kunst. Aber auch eine anthropologische Konstante, würde ich sagen. Allerdings hat nicht jeder Mann diesen einen, besten Freund. Manche haben auch mehrere. Und wieder andere Männer kommen ganz ohne besten Freund aus. Das war das Nächste, was mir im Laufe der Zeit auffiel: Es gibt Männer, die kennen das gar nicht. Die haben keinen Lebensgefährten. Die sagen vielleicht, dass ihre Frauen ihre besten Freunde sind. Oder dass sie mit dieser Art von Sentimentalität und Blutsbrüderschaft nichts anfangen können. Dass sie das nicht brauchen. Ich will nicht behaupten, dass es deswegen nüchterne Männer sein müssen, wie käme ich dazu, oder dass sie nicht träumen oder dass sie nicht auch mal gern einfach auf und davon fahren würden. Diese Männer holen sich das, was ich in meinen besten Freunden gesucht habe, bestimmt irgendwo anders.

Meine besten Freunde. Es gab nicht nur einen. Aber für manche kann es nur einen geben, und das war wieder etwas, was mir irgendwann auffiel: dass es eine exklusive Sache sein kann. Bei mir ist es jedenfalls immer so gewesen, Eifersucht inklusive. Es ist schwer, mit jemandem, der mal dein bester Freund war, danach etwas weniger eng zu sein. Ich zumindest habe das bislang nicht geschafft. Nur warum? (Weil Intimität unter Männern so schwierig ist, sagen die Genderforscher. Weil sie im Konfliktfall schweigen. Weil Männer Angst haben, verletzt zu werden, und die schlimmste Verletzung die Beschämung ist, dass etwas öffentlich wird, was vorher privat und geheim war.)

Aber ich will mich in diesem Buch nicht auf die Wissenschaft verlassen. Ich will vor allem Geschichten erzählen, ein paar meiner eigenen und ein paar von Freunden, die mir ihre verraten haben.

Vor ein paar Jahren war ich zum Beispiel zum Geburtstag des Vaters meines besten Freundes eingeladen. Und auch der beste Freund des Vaters war da und auch die Frauen dazu, und wir haben viel getrunken und geraucht und viel zu viel gegessen, und es war herrlich. Irgendwann stand der beste Freund des Vaters dann auf und hielt eine Rede auf seinen alten, siebzigjährigen Freund: Erzählte, wie sie sich kennengelernt hatten, vor mehr als fünfzig Jahren. Wie das mit ihnen beiden sofort zu etwas ganz Besonderem wurde. Wie sie zusammen auf Reisen gingen. Und langsam gemeinsam erwachsen wurden. Zu Männern, Vätern. Und dass er an seinem Freund immer den Witz und die Geistesgegenwart so gemocht hat. Aber dass es auch eine Phase gab, in der sie nicht mehr miteinander geredet hätten, die glücklicherweise irgendwann wieder vorbei war, und dass sie seitdem noch unzertrennlicher wären als vorher, falls man Unzertrennlichkeit überhaupt steigern kann. Am Ende der Rede heulten alle. Und ich saß da und sah diese besten Freunde an und meinen besten Freund und heulte auch ein bisschen und hakte im Kopf die Stationen ab, *been there, done that*, und ich dachte: Das gibt's doch gar nicht. Bei uns war es fast genauso. Ist das vererbbar? Kann man das lernen? Oder ist das einfach nur ein kosmischer Zufall?

Und das will ich in diesem Buch herausfinden. Warum werden Jungen und Männer zu besten Freunden? Muss man dazu eine Ader haben, oder kann das jedem passieren? Spielt Natur eine Rolle? Sind es die Umstände, das Alter, ist es Fügung oder Talent? Fehlt da was im Leben, oder wächst einfach etwas zusammen, was zusammengehört? Wie lernt man sich überhaupt kennen? Gibt es da Tricks? Woran wird einem klar, dass der andere der ist, auf den man immer gewartet hat? Wartet man überhaupt auf diesen einen? Und was macht man, wenn er nicht kommt? Was macht man vor allem, wenn er wieder geht? Und was sagen die Frauen überhaupt dazu? Kennen Frauen so etwas auch? Und was ist dieses Etwas eigentlich – Liebe? Das würden Männer doch nie zugeben! Aber warum eigentlich nicht? Und was, wenn sie es doch tun? Und warum nur ist die Geschichte von zwei Freunden, die ein Leben lang zueinanderhalten, so eine wahnsinnig gute Geschichte? Eine fürs Kino. Für Rocksongs, für Bücher und für Regentage und für immer.

Ich will also ein bisschen Männerforschung betreiben. Und sie beginnt mit den vielen Büchern und Filmen und Songs über beste Freunde, die ich im Laufe der Zeit gesammelt habe. Mit diesem Material, mit dem man seinem Leben Halt gibt, es vielleicht auch ein bisschen formt. Mit all den Szenen, die man irgendwo gelesen hat und unbedingt nacherleben will, und den Augenblicken, die man in Büchern findet und erst erschrocken und dann total begeistert über die legt, die man selbst erlebt hat. Die unglücklichen Szenen gehören natürlich auch dazu. Und die Tragödien, von denen man am liebsten gar nichts hören möchte, die aber von der anderen, dunklen Seite der Freundschaft erzählen, die es natürlich auch gibt und die genauso dazugehört. Neid, Eifersucht, Unverständnis, Enttäuschung, Entfremdung, Kapitulation. Nicht alle Abenteuer in diesem Buch haben ein Happy End.

Die Liste des Materials ist theoretisch unendlich lang, sie reicht bis zum Alten Testament und den alten Griechen zurück – es ist ja eine Menschheitsgeschichte. Aber ich habe versucht, mich kurzzuhalten. Auf meiner Liste steht ein Roman von Evelyn Waugh, der so etwas wie die Regelpoetik der Männerfreundschaft enthält. Und ein Song von Bruce Springsteen, ohne den ich dieses Buch nie geschrieben hätte. Und noch ein Film, der auf der Nordsee endet oder vielleicht dort erst anfängt. Und noch ein paar Songs und noch ein paar Filme. Ein

Satz von Joan Didion steht darauf, ein Comic von Fil, zwei Gedichte von Donald Justice und ein Bild von Edward Hopper. Ich hab auch noch ein paar Fotos von mir mit dazugetan, weil es ohne die eigenen Erinnerungen nicht geht. Und ohne «Tschick» von Wolfgang Herrndorf wäre es gleich gar nicht gegangen.

Das ist der Stoff, aus dem die Träume sind.

Das andere sind die besten Freunde, die mir aus ihrem Leben erzählt haben. Wie sie sich fanden und warum und wie es dann weiterging. Was sie jahrzehntelang zusammenhielt, was sie auseinanderbrachte, was sie gemeinsam auf die Beine gestellt haben. Ob sie Vorbilder für ihre Freundschaft hatten oder ob sie sich das selbst erfinden mussten. Ich habe einen Richter und einen Betriebsleiter befragt. Einen Kinderarzt und einen Professor. Einen Journalisten und einen Anwalt. Ich habe einen Schriftsteller interviewt, der einen besten Freund verloren hat und einen großen Roman über zwei Freunde schrieb, deren Freundschaft beinah scheitert, aber dann doch gut ausgeht. Und einen anderen Schriftsteller, der in seinen Romanen auch über beste Freunde schreibt, ohne selbst so einen Freund zu haben. Ich habe all diese Männer nach ihren Vätern gefragt. Nach ihren Frauen. Nach ihren Büchern und Liedern. Was sie tun, wenn sie sich treffen, worüber sie reden, worüber sie streiten, wie sie leben, miteinander, woher sie die Zeit dazu nehmen, trotz Familie, Frau und Kindern. Ich habe sie danach gefragt, wie sie das nennen würden, was sich zwischen ihnen abspielt. Und ob sie ohne ihren besten Freund ein anderer Mensch geworden wären.

Denn das interessiert mich: Welche Rolle andere Männer dabei spielen, wie Männer zu dem werden, was sie sind. Ich habe diesen berühmten Satz vom Philosophen Carl Schmitt, «Der Feind ist die eigene Frage in Gestalt», immer absichtlich falsch verstanden und war mit meiner Version viel glücklicher: Ich glaube nämlich, die eigene Frage in Gestalt ist der Freund. Im Grunde ganz viele Fragen, nicht nur eine: Wer war ich bis jetzt? Wer kann ich werden? Wie komisch bin ich? Wie tapfer? Wie aufrichtig, großzügig, verlässlich, wie blöd, wie klug? Wie falsch liege ich, wie richtig? Wie geht es jetzt weiter? Das kann dir doch alles deine Frau beantworten, könnte man jetzt einwenden, und das stimmt natürlich, aber die Antworten fallen dann vielleicht ganz anders aus als die eines Freundes. Vielleicht auch nicht.

Aber das ist nicht mein Thema. Obwohl ich auch mit Frauen über Männerfreunde geredet habe, denn ohne ihre Sicht geht es nicht. Ich habe zwar erst gedacht, ich könnte einen großen Bogen um die ewig andauernde, sogenannte Geschlechterdebatte machen, aber dann stellte mir fast jeder, dem ich von diesem Buch über Männerfreunde erzählte, Männer wie Frauen, die gleichen Fragen: Ob ich darauf hinauswollte, dass die Freundschaft zwischen Männern etwas Besonderes sei? Womöglich tiefgehender und bedeutender als die zwischen Frauen? Ob ich eventuell nicht mehr alle

Tassen im Schrank hätte? Ich glaube, ich habe eine Antwort gefunden, ob es einen Unterschied zwischen Männerfreundschaft und Frauenfreundschaft gibt. Sie wird alle enttäuschen, die auf Krawall hoffen.

Überhaupt bin ich oft auf die gleichen Reaktionen gestoßen, wenn ich von diesem Buch erzählte. Ah, Männerfreundschaft, hörte ich zum Beispiel, dann schreibst du bestimmt über Politiker / über Homosexuelle / über Winnetou und Old Shatterhand. Dann musst du doch auch über Konkurrenz schreiben, erklärte man mir, über Erfolg, über Macht, über Fußball, über Ehrgeiz, Stress und Bier. Das mache ich auch, über Autos schreibe ich sogar ganz besonders oft – aber vor allem habe ich versucht, um solche Stereotype herumzukurven, die ständig im Weg stehen, wenn es um Männer geht. Dies soll nämlich kein Buch über weiche Männer sein. Oder harte. Über Männer, die heulen, und Männer, die schweigen. Über Männer mit Schals und Männer in Cowboystiefeln. Diese Bücher gibt es nämlich schon, jede Menge sogar. Bücher *für* solche Männer wie Bücher *gegen* solche Männer. Dieses hier handelt, wenn es überhaupt auf Geschlechterdebatten eingeht, von dem Missverständnis, das man Maskulinität nennt: ein Begriff, um den seit Ewigkeiten gerungen wird, in jeder Geschlechterdebatte von neuem, der aber am Ende immer nur irgendwen ausschließt. «Männer sind so» – nein, sind sie nicht, denn sie sind auch so und so und so und auch nicht so und wieder ganz anders.

Denn selbst wenn man das Männerbild einer Gesellschaft erneuern will, wenn man sich dafür starkmacht, alte Rollen abzuschaffen und neue zu etablieren, behauptet man ja damit auch, dass es ein gefestigtes Ideal gibt, das man renovieren könnte, den Zeiten anpassen, optimieren, revolutionieren. Das will ich nicht tun. Das interessiert mich nicht. Mich interessieren die vielen Versionen, nicht das eine Muster, an das man sich halten soll. Dies ist ein Buch über Einzelfälle. Schon irgendwo auch eine große Geschichte, aber in vielen kleinen erzählt. Ich will davon berichten, was mir aufgefallen ist an Männern, wenn man sie durch die Augen ihrer Freunde betrachtet. Wenn man sie als Freunde betrachtet, zu zweit, nicht allein.

Aber so einfach geht das nicht, denn natürlich mischen sich meine Erfahrungen in das, was mir auffällt. Ich bin nicht objektiv. Aber ich habe eben auch kein festes Männerbild, erst recht kein Ideal. Hoffe ich jedenfalls. Es gibt erstaunliche Parallelen zwischen den Männern, die in diesem Buch vorkommen werden, ja. Es passt aber wiederum vieles, was ich beobachtet habe, nicht zu dem, was die Geschlechterforschung herausgefunden und verallgemeinert hat. Alle meine Interviewpartner zum Beispiel reden und reden und reden miteinander, seit der ersten Minute, in der sie sich kennengelernt haben. Die Wissenschaft sagt: Kommunikation ist weiblich, Männer verbindet dagegen ihr Hobby. Kein einziges meiner Freundespaare hat aber nun ein gemeinsames Hobby. Die Praxis schlägt die Theorie immer wieder, zumindest in den Geschichten, die ich in diesem Buch erzählen will.

Mir sagen Theorien sowieso nicht viel, Bilder, Geräusche viel mehr.

Der Augenblick, wenn man klingelt und dann hört, wie er die Treppe runterkommt.

Oder ein Ball springt auf.

Und Zigaretten im Herbst.

Eine Plastiktüte voller Platten, die im Gehen ans Knie baumelt.

Und die Nadel senkt sich auf die Platte, es knistert kurz, und dann singt eine Männerstimme: «Pst, erschrick dich nicht, es sind bloß Robert und ich ...»

Ein Motor springt an.

Und dann geht es los.

Erstes Kapitel

ARCHETYPEN, STEREOTYPEN, SUPERTYPEN

Oxford, 1923.

Und Cambridge, 1980.

Im Metroland, 1963, auch.

Weimar sowieso. Göttingen, Tübingen fast zur gleichen Zeit, eigentlich überall im 18. Jahrhundert.

Oder in Freehold, 1965.

Oder in Maine, fünf Jahre vorher. Und in Boston.

Und in Hamburg, nach dem Krieg und Mitte der siebziger Jahre und in Berlin nach der Wende und in Berlin gerade eben.

Wann hat das eigentlich angefangen? Ich gehe durch die Jahre, Jahrzehnte, Jahrhunderte und finde in jedem ein neues Beispiel, ein neues Paar beste Freunde, aus dem echten und dem erfundenen Leben: Charles und Sebastian in Oxford (die hat sich Evelyn Waugh ausgedacht), Fry und Laurie in Cambridge (die leben bis heute). Es gibt sie im London, das Julian Barnes mal beschrieben hat, in Wolfgang Herrndorfs Roman «Tschick» und im Spätherbst 1730 in Küstrin.

Wobei es dort eher zu Ende ging. Aber auch damals begann es, wie meistens, mit dem Traum, einfach abzuhauen. «Die guten Geschichten», sagt Stephen King, der selbst genau so eine geschrieben hat, Maine 1960, «sind Geschichten übers Unterwegssein.» Er sagt «journey», was in den letzten Jahren im amerikanischen Jargon zu einem etwas esoterischen Wort geworden ist, um Lebenswege zu beschreiben, mit all ihren Höhen und Tiefen und Abzweigungen und den Unfällen entlang der Strecke, halb Oprah Winfrey, halb Bildungsroman. Alles folgt, in dieser Logik, einem Plan, auch wenn der unterwegs erst geschrieben wird.

Jedenfalls geht einer dieser Roadtrips am 6. November 1730 in Küstrin zu Ende, bevor er überhaupt begonnen hat. Eigentlich war es nur ein Traum. Vielleicht war es sogar nur Trotz und die ganze Sache ein Beispiel dafür, wie lebensgefährlich es werden kann, wenn man den Kopf verliert. Zwei Freunde, der eine will abhauen, über den Fluss und immer weiter, weil sein tyrannischer Alter ihn so oft schlägt, der andere hilft ihm dabei, obwohl er Skrupel hat. Es gibt sogar einen Plan, aber der ist total unausgegoren. Eigentlich gibt es nur das Drauflos. Es wird schon klappen, es wird schon alles zusammenpassen, irgendwie, später, wenn wir erst mal da sind. Die beiden fliegen auf, bevor es überhaupt losgegangen ist, und dann wird der eine zur Strafe des anderen enthauptet.

Eine preußische Geschichte, man merkt es an ihrem Ende. Es geht um Hans Hermann von Katte und den jungen Friedrich, der später der Große werden sollte. Im Grunde sind in dieser wahren Fluchtgeschichte von zwei Freunden die erfundenen schon angelegt, sie spiegeln sich darin auf eine Weise, dass es fast unheimlich ist. Als hätten diese Geschichten alle, irgendwie, immer schon voneinander gewusst. Als würden sie ihre Motive untereinander weiterreichen.

Friedrich hatte es also einfach nicht mehr ausgehalten – die Prügel seines Vaters, die Konflikte, die unterschiedlichen Vorstellungen vom Leben, wie man heute sagen würde, das Geschirr, in dem er steckte und das sein Vater, Friedrich Wilhelm I., ständig fester anzog. Der König war fromm und brutal, ein gläubiger Schläger, der Prinz ein Flötenspieler und Feiertyp. Und er ist achtzehn Jahre alt. Genau das richtige Alter. Es reicht ihm jetzt.

«Ich bin in der größten Verzweiflung», gesteht Friedrich seiner Mutter 1729 in einem Brief. «Ich trat heute Morgen wie gewöhnlich in sein Zimmer. Kaum hatte er mich erblickt, als er mich am Kragen packte und in der grausamsten Weise mit seinem Stock auf mich losschlug. Ich suchte vergeblich, mich zu wehren; er war in einem so schrecklichen Zorn, dass er sich nicht mehr beherrschte, und hielt erst inne, als sein Arm vor Müdigkeit erlahmte. Ich habe zu viel Ehrgefühl, um derartige Behandlungen zu ertragen, und bin entschlossen, auf diese oder die andere Weise ihnen ein Ende zu machen.»

Der Vater ist genauso entschlossen, ihm reicht es nämlich auch. «Ich hasse meinen Sohn», hat er angeblich einmal gesagt, «und ich weiß, dass mein Sohn mich hasst.» Unklar, was davon wahr war, der König ist depressiv, der Sohn in der Pubertät. Jedenfalls wäre es dem Vater am liebsten, dass Friedrich verzichtet und die Thronfolge seinem jüngeren Bruder überlässt. Aber das wäre ja noch schöner, wird Friedrich gedacht haben. Und noch viel schöner wäre es, den Vater vor den Augen der Welt mal so richtig vorzuführen.

«Ich gehe, um nicht wiederzukommen», schreibt der Kronprinz seiner Schwester Wilhelmine. «Ich kann den Schimpf, der mir zugefügt wird, nicht mehr ertragen, meine Geduld ist zu Ende.» Und Hans-Hermann von Katte, Leutnant des Kürassierregiments Gens d'Armes, acht Jahre älter, soll ihm dabei helfen. Die beiden treffen sich seit einiger Zeit oft am Nachmittag und hören zusammen Musik. Katte sei gekommen, wann immer er wollte, behauptete Friedrichs Kammerdiener später, «und wann er beim Kurfürsten gewesen, hätte niemand dabei sein dürfen.»

Wilhelmine kann diesen Katte nicht leiden, sie findet ihn zwar gebildet, aber wichtigtuerisch und vor allem hässlich, wegen seiner Blatternarben. Außerdem trägt Katte ein Bild der Prinzessin bei sich, der unverschämte Kerl. Friedrich soll seiner Schwester jedenfalls anvertraut haben, es gäbe da Freunde in seinem Leben, die bereit wären, wenn es darauf ankäme, ihm «an das Ende der Welt zu folgen». Katte wird der einzige sein, der dort ankommt.

Das ist der Plan bis ans Ende der Welt: Friedrich will sich auf einer gemeinsamen Reise mit seinem Vater absetzen, Katte soll später zu ihm stoßen. Von Ansbach aus will der Prinz über den Rhein erst nach Paris, dann weiter nach England. Katte rät, noch etwas abzuwarten, es lieber über Wesel und Holland zu versuchen. Aber Friedrich brennt der Boden unter den Füßen, wie Fontane später schreiben wird, er will weg. Jetzt. Nur stellt er sich am frühen Morgen der Flucht – es ist der 5. August 1730, die Reisegesellschaft macht Station in Steinsfurt im Kraichgau – dann so superdusslig an, dass sich seine Begleiter sofort zusammenreimen, was er vorhat: Friedrich trägt zum Beispiel einen roten Rock, obwohl jeder weiß, wie sehr der König derart Modepüppchenhaftes an ihm hasst. Der Prinz wird festgesetzt. Katte, der in Berlin wartet, auch.

Quälende Wochen folgen, Verhöre, Briefe, Gebete, Gnadengesuche, nichts hilft, der König, der seinen Sohn natürlich zwischendurch noch einmal durchgeprügelt hat, lässt sich nicht erweichen. Im Gegenteil. Er hebt ein erstes, milderes Urteil auf und beschließt: Katte, der Deserteur, muss sterben – besser so, erklärt Friedrich Wilhelm I., «als dass die Justiz aus der Welt käme». Der Prinz soll bei der Hinrichtung in der Festung Küstrin zuschauen, damit es ihm eine Lehre sei. Es ist eine preußische Geschichte, wie gesagt. (Und dass hier eine noch ältere Geschichte weitererzählt wird, ist schon den Augenzeugen aufgefallen: Der Garnisonsprediger Besser, der Katte auf dem Weg zur Hinrichtung begleitet, die Friedrich übrigens wohl doch nicht mit ansehen musste, nannte die beiden Jonathan und David – wie die besten Freunde aus dem Alten Testament also. Die Geschichte der beiden steht im Ersten Buch Samuel: David – das ist der, der Goliath erschlug – erregt den Zorn und die Eifersucht von König Saul, Jonathans Vater: Der fürchtet David, weil er glaubt, Gott könnte ihn bevorzugen. Und er gibt nicht nach, auch wenn David dem König wieder und wieder seinen Gehorsam erweist, ihn sogar verschont, als David selbst die Chance hat, sich zu rächen. Der König ist nicht davon abzubringen, er will den Kopf des besten Freundes seines Sohnes. Am Ende fallen dann aber Vater und Sohn im Kampf mit den Philistern – und David muss sie beide begraben.)

Wilhelmsburg, zweihundertfünfzig Jahre nach Küstrin. Beziehungsweise eigentlich keine Minute später: «Ich trat heute Morgen wie gewöhnlich in sein Zimmer», erzählt der junge Uwe Schiedrowsky, dreizehn, Mutter im Supermarkt an der Kasse, Vater Hafenarbeiter, trinkt Bier am Steuer, schickt den Stiefsohn Zigaretten holen und ahnt dabei nicht, dass einer vom Kippenholen auch mal nicht zurückkommen könnte. Jedenfalls Uwe ungefähr so: «Kaum hatte er mich erblickt, als er mich am Kragen packte und in der grausamsten Weise mit seinem Stock auf mich losschlug. Ich suchte vergeblich mich zu wehren; er war in einem so schrecklichen Zorn, dass er sich nicht mehr beherrschte, und hielt erst inne, als sein Arm vor Müdigkeit erlahmte. Ich habe zu viel Ehrgefühl, um derartige Behandlungen zu ertragen, und bin entschlossen, auf diese oder die andere Weise ihnen ein Ende zu machen.»

Erst flieht Uwe nur zu Dschingis Ulanow, vierzehn.

Der lebt bei seiner Mutter, will sie fragen, ob Uwe ein paar Tage bei ihnen übernachten kann, aber die Mutter hat was dagegen, das sei kriminell! «Es kann doch nicht gegen die Gesetze sein, wenn man Uwe hilft», jammert Dschingis, aber die Mutter ist stur. Besser so, sagt sie, als dass die Justiz aus der Welt käme. Da fasst Dschingis einen Entschluss: «Jetzt hauen wir beide zusammen ab.» Und das tun sie dann auch.

So ganz genau wortwörtlich war es natürlich nicht. Denk doch mal logisch, würde Uwe sagen, der junge Star aus Hark Bohms Film «Nordsee ist Mordsee», so redet ja kein Dreizehnjähriger: Ich habe zu viel Ehrgefühl, um derartige Behandlungen zu ertragen. Uwe sagt vielmehr zu Dschingis: «Es wird der Tag kommen, wenn er besoffen ist, und er macht mich an, da kriegt er solch ein' in die Fresse» – und er ballt seine Faust.

«Nordsee ist Mordsee» – das ist einer der lustigsten und schönsten Funde, wenn man auf der Suche nach besten Freunden so durch die Jahrhunderte geht. Der Film spielt im Hamburger Ghetto, Wilhelmsburg, sozialer Wohnungsbau: Damals, in den Siebzigern, auf dem besten Weg in die desolateste Scheußlichkeit.

Aber die Hochhäuser sind nahe am Wasser gebaut. Hafen, Kanäle, Elbe – Sehnsuchtswasser, Abhauwasser, es ist fast immer so: Tom und Huck müssen über den Fluss, der junge Friedrich muss über den Fluss, Uwe und Dschingis müssen über den Fluss, erst im selbstgebauten Floß, dann im geklauten Segelboot. Am Ende, nachdem die zwei am Strand von Hahnöfersand übernachtet haben, einer Elbinsel mit einer Jugendstrafanstalt, die schon Siegfried Lenz in «Deutschstunde» beschrieb, nachdem die beiden einen Kiosk geknackt und die Polizei ausgetrickst haben, segeln sie eigentlich immer nur in eine Richtung: nämlich um die entscheidende Frage herum, wohin es eigentlich geht. «Ich kann doch dem Wind nicht sagen, wie er wehen soll», sagt Dschingis zu Uwe – und das beantwortet alle Fragen, die man an die beiden noch haben könnte. Zum Beispiel auch die, ob Dschingis, der wie Uwe ziemlich gut Karate kann, jetzt die Wiedergeburt von Bruce Lee ist oder doch eher ein zweiter Bob Dylan.

Die zwei Jungs fahren jedenfalls, es sind die letzten Bilder des Films, auf das offene Meer hinaus. Und in einen Text hinein, den vor ihnen schon wieder jemand anderes geschrieben hat, wieder ein weitergereichtes Leitmotiv, diesmal ist es Udo Lindenberg, der singt: «Ich träume oft davon, ein Segelboot zu klaun / und einfach abzuhaun ...» – die Zeile hat Hark Bohm dann auch in großen Buchstaben über die letzten Bilder seines Films eingeblendet.

Das kleine Boot, die große See: Wenn ich mal wieder irgendwo von Freuds «ozeanischem Gefühl» lese, von der Aufgehobenheit des Menschen in der Weite, vom Trost und der Ohnmacht und Angst, ganz klein vom ganz Großen getragen zu werden, verschluckt zu werden, unterzugehen und in ihm zu verschwinden, ein gemischtes Gefühl aus Angst, Vorfreude, Glück, Kapitulation, Panik und Gleichmut und Zuversicht, dann denke ich an diese Szene. Zwei Jungs, die immer kleiner werden und das Meer um sie herum immer größer.

So geht es weiter im Lied:

«Ich weiß noch nicht wohin
Hauptsache, dass ich nicht mehr zu Hause bin
mit den Alten haut das nicht mehr hin.
Jetzt wolln wir doch mal sehn
wie weit die Reise geht
und wohin der Wind mich weht
es muss doch irgendwo 'ne Gegend geben
für so 'n richtig verschärftes Leben
und da will ich jetzt hin.»

Ich bin mir ziemlich sicher, dass der junge Friedrich genau gewusst hätte, wovon Lindenberg da singt. Die beiden tragen ja auch sehr ähnliche Uniformjacken.

«Ich gehe, um nicht wiederzukommen», hatte Friedrich an seine Mutter geschrieben. Es ist nicht überliefert, ob Katte und Friedrich an ihren geheimen Nachmittagen, wenn keiner die beiden stören durfte, außer Udo Lindenberg auch Platten von Bruce Springsteen aus Freehold, New Jersey, gehört haben: Aber bei diesem Satz von Friedrich könnte man das denken. «It's a town full of losers and I'm pulling out of here to win», hatte auch Springsteen auf «Born to Run» gesungen, einer phantastischen Platte zum Davonlaufen von 1975, ungefähr zu der Zeit, als «Nordsee ist Mordsee» gedreht wurde – und von all den immer wiederkehrenden, weitergereichten Motiven, von denen in diesem Buch die Rede sein wird, ist das bestimmt das pubertärste und sentimentalste: Ihr werdet schon sehen, eines Tages bin ich nicht mehr da, und das habt ihr dann davon! Oder in den Worten des kleinen Nick von Sempé & Goscinny, um mal einen Franzosen ins Spiel zu bringen und nicht immer nur larmoyante Amerikaner: «Morgen geh ich weg von zu Hause! Papa und Mama werden sich Sorgen machen, und ich komme erst nach vielen, vielen Jahren wieder, und dann bin ich reich und habe ein Auto und ein Flugzeug!»

Abzuhauen, um groß zu werden, das ist natürlich nicht nur Männersache. «Ich war nie ein großer Fan von Leuten, die ihre Heimat nicht verlassen», hat auch die amerikanische Schriftstellerin Joan Didion einmal gesagt, «es scheint mir einfach Teil der Pflichten im Leben zu sein.» Was allerdings schon viel gefestigter und vernünftiger klingt als die Fluchten von Katte und Friedrich und Uwe und Dschingis, die einfach aus dem Haus gehen, gerade weil ihnen die Pflichten zum Hals raushängen, aber die Tür hinter sich weit offen stehen lassen. Da ist sehr viel Trotz im Spiel, auch Realitätsverweigerung, Konfliktvermeidung. «Wie ich auf der Straße war, bin ich gerannt», sagt der kleine Nick. Der muss auf jeden Fall Springsteen gehört haben.

Als Charles Ryder seinen Freund Sebastian Flyte zum ersten Mal sieht, sitzt der auch in einem Boot. Jedenfalls in dem Film, den Julian Jarrold aus «Wiedersehen mit Brideshead» von Evelyn Waugh gemacht hat.

Moment, vielleicht sollte ich an dieser Stelle besser etwas klarstellen: Erstens geht das jetzt nicht die ganze Zeit so weiter, versprochen, das hier soll ja kein Lexikon der besten Freunde werden. Und zweitens: Ja, ich sammle solche Geschichten. Ich sammle sie, seit ich so alt bin wie der kleine Nick. Ein Arsenal großer Sätze, aufgehoben für schlechte Zeiten, für später, wenn ich nicht mehr so klein sein würde wie Nick. Ich weiß nicht mehr genau, wie das angefangen hat oder was zuerst kam, diese Geschichten oder die Freunde, mit denen ich sie am liebsten nachgespielt hätte. Aber heute, dreißig Jahre danach, wird mir langsam klar, dass wahrscheinlich genau das ihren Reiz ausmacht: die Geschichten der anderen nachzuerzählen im eigenen Leben. Und drittens gibt es von diesen Geschichten ja noch viele, viele mehr, wie gesagt: Weimar, Göttingen, Tübingen. Goethe und Zelter, Hölty und seine Freunde, dann Hegel, Hölderlin und Schelling, die ganzen empfindsamen Briefeschreiber des 18. Jahrhunderts, eigentlich habe ich noch nicht mal richtig angefangen! Tim und Haddock! Starsky und Hutch! Justus und der Nichtraucher. Ernie und Bert!

Aber wo wir schon bei den großen Dichtern sind: Die Regelpoetik der Männerfreundschaft steckt auf jeden Fall in Evelyn Waughs Roman «Wiedersehen mit Brideshead» – vor allem wegen der wahnsinnig erfolgreichen, wahnsinnig kostümfilmigen britischen Fernsehserie mit Jeremy Irons aus dem Jahr 1981, knapp an der Grenze zum Kitsch. (Und Jarrolds Neuverfilmung, fast dreißig Jahre später, ist dann weit drüber.) Wir befinden uns in Oxford, nach dem Ersten Weltkrieg. Charles und Sebastian, zwei Studenten aus dysfunktionalen Familien, in der einen fehlt der Vater, in der anderen die Mutter, lernen sich kennen und werden ein paar Semester lang unzertrennlich. Schieben auf, was an Pflichten und Traditionen in ihrem Leben auf sie wartet. Rauchen und trinken, tragen hellen Flanell und reden sentimentales Zeug: «Ich möchte gern überall», sagt Sebastian, «wo ich glücklich war, etwas Kostbares vergraben, dann könnte ich, wenn ich einmal alt und hässlich und elend bin, zurückkommen, es wieder ausgraben und mich in die Vergangenheit zurückträumen.»

Doch Sebastian ist zu anfällig und ängstlich. Er weiß, er kommt da nicht lebend raus aus seiner engen katholischen Adelsfamilie, wenn er nicht auf das Glück, wie er es sich vorstellt, verzichtet. Er soll beten, nicht trinken. Also trinkt er erst mal dagegen an. Dann haut er ab. Nach Nordafrika, Marokko. Charles folgt ihm nicht, fährt ihm zwar einmal hinterher, im Auftrag der bösen Mutter, um Sebastian zurückzuholen, tut das aber dann doch nicht und arrangiert sich am Ende mit der arrivierten Langeweile, in die er hineingeboren wurde.

Solche Geschichten sammle ich also. Es ist nicht möglich, sie im eigenen Leben nachzuerzählen, das weiß ich selbst, wie auch, es sind ja erfundene Geschichten. Man kann sich natürlich wie Sebastian und

Charles in Strickpullundern mit Rotwein und Erdbeeren unter einen Baum legen, türkische Zigaretten rauchen und sich gegenseitig Zitate aufsagen – aber es bleiben ja Zitate, es bleibt aufgesagt, und es wäre, ich hab es ausprobiert, auch ein bisschen abiturientenhaft (und die Erinnerung daran ist nur mit literweise Ironie auszuhalten. Es geht etwas leichter, seit ich erfuhr, dass es offenbar auch in England Leute gab, die sich Folge für Folge in Verkleidung vor dem Fernseher getroffen haben, als die Serie 1981 zum ersten Mal lief).

Diese Unmöglichkeit hält einen andererseits am Leben. Die Sehnsucht nach der Alternative, dem Boot und dem Fluss, dem Weg, der weniger betreten war. Geschichten wie die von Dschingis und Uwe helfen dabei, mir zumindest, ein bisschen besser zu verstehen, warum dieses Gefühl nicht weggeht, dass es überall besser sein könnte als dort, wo wir sind. Obwohl es nicht stimmt, niemals gestimmt hat, man nimmt sich und sein Gepäck, die Strickpullunder und Zigaretten und die sentimentalen Bücher ja immer mit auf diese Reise.

Man kann natürlich auch aus all diesen Geschichten mal kurz die Luft rauslassen, man sollte das sogar hin und wieder tun, dann werden sie kleiner. Etwa so: Katte war für Friedrich vor allem nützlich bei dem Plan, sich aus dem Staub zu machen, er hatte an seiner Flucht schon vorher mit dem Hofpagen Keith herumgeplant, der aber versetzt wurde und am Ende sogar selbst vor dem König fliehen musste. Freunde in dem

Sinne, wie Winnetou und Old Shatterhand es gewesen sind, Blutsbrüder, waren Katte und der Prinz nicht. Es floss Blut, ja, aber eben nur bei einem der beiden. Uwe und Dschingis wiederum sind kleine Spinner, Schulschwänzer auf der Kippe zur Kleinkriminalität. Sebastian bietet dem ehrgeizigen Charles vor allem einen Weg nach oben, Charles will nämlich gar nicht weg, sondern im Gegenteil ankommen – in Brideshead, dem bombastischen Landsitz seines Freundes. Und Bruce Springsteen legt sowieso immer nur die gleiche Platte auf. Am Ende sind all diese Männer vor allem pubertär. Verklemmt. Feige. Wollen einfach nicht erwachsen werden. Reden sich die Welt schön. Statt sie sich zu unterwerfen.

Kann schon sein.

Mir doch egal.

Bis auf weiteres jedenfalls.

Denn Weltunterwerfungsunlust ist ja erst mal eine gute Sache. Meinetwegen ist es auch sentimentaler Quatsch, solche Geschichten zu sammeln und aus ihnen die DNA für ein unlangweiliges Leben als Mann zu präparieren. Aber ich bin offenbar nicht allein damit, von solchen Geschichten nicht genug kriegen zu können. Hunderten und Tausenden geht es nicht anders. Einer der erfolgreichsten deutschen Romane der letzten Jahre zum Beispiel erzählt von zwei Jungs, die in einem Lada in Richtung Walachei aufbrechen, irgendwann wieder umdrehen, zurückfahren und dabei trotzdem ihrem Ziel, das Leben in die eigene Hand zu nehmen, ein riesengroßes Stück näher kommen: «Tschick» von Wolfgang Herrndorf ist ein Jugendroman, der lauter Herzen von Leserinnen und natürlich auch Lesern eroberte, die es vielleicht nie erwartet hätten, dass sie so eine Jungsgeschichte überhaupt angehen könnte. Oder ein anderes Beispiel aus den letzten Jahren: «Freiheit» von Jonathan Franzen, dem vielleicht größten amerikanischen Schriftsteller der Gegenwart. Auch «Freiheit» ist ein sehr erfolgreicher Roman über, unter anderem, die Jahre mit George W. Bush, über Umweltzerstörung, Selbstentfaltung als Ideologie, über die schrecklichen Dinge, die man sich in einer Ehe oder einer Familie oder einem Staat antun kann. Aber im Kern erzählt «Freiheit» die Geschichte von zwei besten Freunden, Walter und Richard und ihren Konflikten, ihrer Nähe und Liebe und der Funkstille zwischen ihnen. Das Buch erzählt also auch von den schrecklichen Dingen, die sich Freunde antun können. Wenn Walter und Richard sich am Schluss des Romans nicht versöhnt hätten, so wie sich Walter und seine Frau Patty versöhnen, wäre das Happy End keins geworden. Richard, der Rockmusiker ist, nimmt eine Platte für Walter auf und schickt sie ihm. Es ist vermutlich die gleiche Platte, die auch Springsteen seit Jahren auflegt.

Das sind also ein paar Einträge aus dem Lexikon der erfundenen Männergeschichten. *Boy meets boy*. Es sind so viele, ich könnte, wie gesagt, ewig weiter aufzählen, und sie folgen immer wieder den gleichen Mustern, entwickeln sich um die gleichen Motive herum, man könnte fast von einem Mythos reden: Jede Generation erzählt sich offenbar die Geschichte ihrer besten Freunde von neuem – um nachzuschauen, ob immer noch alles in Ordnung ist. Beziehungsweise in schönster Unordnung. Und in dem Maße, in denen Frauen freier wurden, rechtlich, sozial, sexuell, kamen im Laufe der Zeit auch die besten Freundinnen dazu (aber davon später mehr). Im klassischen Mythos treten überlebensgroße Menschen auf, legen sich mit Göttern an, bezwingen ihre Dämonen, kommen nach Hause und legen die Füße hoch, weil Feierabend ist und Frieden.

In meinem Mythos treten aber auch ganz normale Leute auf. Wie Michel und Manfred aus Harburg.

Der eine wird Richter, der andere wird eine große Niederlassung für Mercedes-Lastkraftwagen leiten. Freunde sind sie seit mehr als fünfzig Jahren. Sie waren es zwischendrin mal weniger, aber sie haben auch das gemeinsam ausgehalten. Vor einiger Zeit hat Michel «Tschick» gelesen, Manfred hat es ihm geschenkt, da waren beide jenseits der siebzig. Michel hat jetzt auch seine Lebensgeschichte aufgeschrieben, einfach so, für seine Familie, für sich selbst. Er hat sie mir geschickt, die ersten zweihundertdreißig Seiten, bis er siebenundzwanzig ist, es ist die Geschichte eines Jungen aus einem guten Haus, dessen Familie immer unterwegs ist, wegen des Kriegs und der Karriere des Vaters, und der selbst eine Leidenschaft für Räder entwickelt. Zweiräder, Vierräder, je mehr Räder, desto besser.

Einmal, da ist er noch in der Lehre, hat Michel einem Kunden einen schönen neuen Laster vorgeführt. Er sitzt am Steuer, er ist jung, es ist ein herrlicher Sommerabend, Michel beschreibt das ganz wunderbar. Die Autobahn liegt vor ihm, die große Chance liegt vor ihm, eine Reise ans Ende der Nacht oder sonst wohin und auf Nimmerwiedersehen. Aber er bringt den Laster zurück zur Niederlassung, «natürlich», schreibt er – und fügt dann «für Manfred» und «für andere Kenner von ‹Tschick›» noch einen Satz an: «Ich war allein, zu feige, zu vernünftig!?» Das zieht einem, wie Tschicks bester Freund Maik sagen würde, kurz den Stecker.

Fragezeichen, Ausrufezeichen. Gemischte Gefühle.

Was wohl passiert wäre, wenn Manfred neben ihm gesessen hätte, der da gerade aber am anderen Ende des Landes studiert, damit die Justiz nicht aus der Welt kommt? Sie wären wahrscheinlich genauso umgedreht, wenn sie zu zweit gewesen wären, und nach Hause gefahren. Und dann hätten sie sich noch fünfzig Jahre lang von diesem Augenblick erzählt. Diese Geschichten zu haben, sie erzählen zu können, ist am Ende vielleicht genauso wertvoll wie die Erfahrung, es wirklich einmal versucht zu haben, wirklich einmal abgehauen zu sein, im richtigen Leben, nicht nur in Gedanken. Das, was beste Freunde aneinander haben, ist erst mal eine gute Geschichte. Was passiert, verwandelt sich in einen Text, an den man sich halten kann. «Dich interessiert doch nicht, was du erlebst», heißt es in einem Song von Blumfeld, «nur das, was du davon erzählen kannst!» Aber das ist Quatsch, das ist gar nicht zu trennen. Wir erzählen uns Geschichten, um zu leben, sagt Joan Didion.

Wissenschaftler, die Männer hauptberuflich erforschen, behaupten aber: Was beste Freunde zusammenhält, sind die Dinge, die sie gemeinsam tun. Sport zum Beispiel. Wandern. Fußball. An Autos rumbasteln. Man kennt so was auch aus der Bierwerbung: Männer grillen. Sie möbeln Häuser auf. Man könnte das als das abtun, was es ist, nämlich als Werbewirklichkeit – wenn Studien nicht zeigen würden, dass Männer tatsächlich vor allem dann Zeit miteinander verbringen, wenn es mit Aktion verbunden ist. In Amerika gehen sie zum Beispiel traditionell zum Angeln, was später auch Väter mit ihren Söhnen machen. Die kulturelle Prägekraft, die Symbolik des Angelns ist groß, aber eben eher speziell: Ich erinnere mich, wie der amerikanische Präsident George W. Bush – das ist der, gegen dessen Agenda Jonathan Franzen einen ganzen Roman schrieb – im Mai 2002 auf Staatsbesuch nach Deutschland kam und Berlin komplett abgesperrt war, Gegendemonstranten überall, nichts ging mehr. Da sagte Bush, er würde sich dann halt das nächste Mal die Stadt anschauen – und mit dem Bundeskanzler Gerhard Schröder zum Angeln gehen. Man hätte in Deutschland vermutlich besser verstanden, dass Bush das als Freundschaftsgeste meinte, wenn der Präsident einen Stadionbesuch beim Fußball vorgeschlagen hätte.

Sicher ist auch das ein Klischee. Die Untersuchungen zielen jedenfalls darauf ab, dass Nähe zwischen Männern offenbar eines Mediums bedarf. Sport, Hobbys, irgendetwas Drittes, das man gemeinsam angeht, über das man spricht – auch um eine Intimität zu überbrücken, die möglicherweise als eigenartig empfunden werden könnte.

Als ich dem amerikanischen Männerforscher Michael Kimmel gegenübersitze und ihm sage, dass ich mit meinem besten Freund nie angeln und nur selten wandern gehe, dass es sicher das Beste für den Straßenverkehr ist, das wir zwei niemals an Autos rumbasteln, dass wir zwar beide Fußball lieben, aber nicht zusammen spielen, sondern eher davon reden, überhaupt am liebsten reden miteinander, und dass dieses Reden, zweck- und ziellos, als Gegengift zum Weltmist, in der Männererforschung komplett fehlen würde, ja dass es offenbar ganz im Gegenteil gerade die Unfähigkeit zur Kommunikation sein soll, die uns zu Kerlen macht, eine Annahme, in der sich Männerforscher und Frauenzeitschriften verdächtig einig sind und dass ich hiermit gegen solche Geschlechterklischees protestiere, sie übrigens auch mit diesem Buch ein bisschen mehr aus der Welt schaffen wolle, da antwortet Kimmel: «Was macht Ihr bester Freund beruflich?» – «Der ist am Theater.» – «Und Sie schreiben. Also arbeiten Sie beide mit Worten. Das ist Ihre Beschäftigung.»

Das zog mir dann auch mal den Stecker. Aber nur kurz. Wir sind nämlich keine Stereotypen, Professor

Kimmel, sondern ganz andere Typen. Darum geht es hier doch.

Michael Kimmel ist der wohl berühmteste amerikanische Männerforscher. Er tritt in Talkshows auf, bei Oprah Winfrey zum Beispiel. Er ist Feminist, weswegen er regelmäßig von anderen Männern als Verräter beschimpft wird, und trotzdem schreibt er seit Jahren Buch um Buch, um diesen anderen Männern zu erklären, dass es in ihrem eigenen Interesse wäre, gesünder und besser für sie, besser auch für ihre Frauen, für ihre Kinder, besser für die Stimmung auf der ganzen Welt, wenn sie alle Feministen würden. Kimmel hat auch einen besten Freund, seit 1961. Er heißt Mitchell. Und Kimmel hat auch eine gute Geschichte, sie geht so: Sein Sohn, der gerade in die Pubertät kommt, hat ihn neulich gefragt: «Dad, wann werde ich endlich meinen Mitchell treffen?»

Dad hatte seinen Mitchell in der sechsten Klasse getroffen. Der eine wurde Kinderarzt, der andere Soziologe. Deshalb kriegt man im Gespräch mit Michael Kimmel erst mal Zahlen und Analysen und ein paar große Wörter um die Ohren, wenn auch auf eine angenehme und lustige und vor allem amerikanische Weise: Kimmel benutzt zum Beispiel Hollywood-Filme von Judd Apatow und mit Julia Roberts völlig selbstverständlich als Forschungsmaterial (und dann wieder viele Interviews mit Männern).

Vor allem aber wegen der Zahlen und der großen Wörter wollte ich ihn unbedingt treffen. Kimmel sagt zum Beispiel, das Maskulinität homosozial sei, ein Begriff, den vor allem die amerikanische Genderforscherin Eve Sedgwick geprägt hat. Er sagt, dass Männer das, was sie sein wollen und darstellen im Leben, in anderen Männern spiegeln. Er beruft sich auf Daniel Levinsons klassische Untersuchung «The Seasons of a Man's Life», in der sich zeigte, allerdings ist das auch schon wieder fünfunddreißig Jahre her, dass manche Männer ab einem bestimmten Alter, zwischen vierzig und fünfzig, keinen einzigen Freund mehr nennen konnten, der sie ihr ganzes Leben lang begleitet hat. Und er berichtet von einer anderen amerikanischen Studie aus den siebziger Jahren, in der Männer gefragt wurden, wem sie ihre geheimsten Geheimnisse anvertrauen würden, und die befragten Männer hätten als Erstes den Barkeeper genannt und dann den *barber*, danach den Priester, erst auf dem sechsten Platz sei der Freund gekommen. Klingt natürlich zunächst mal nach einer Studie, für die ausschließlich Walter Matthau, Don Draper und Henry Kissinger befragt wurden. «Ich kenne keine aktuelleren Zahlen dazu», sagt Kimmel, «ich würde aber davon ausgehen, dass der Freund inzwischen ein paar Plätze gutgemacht hat, und wenn es nur daran liegt, dass sich so gut wie keiner mehr rasieren lässt.»

Und doch sind da all diese Geschichten von den besten Freunden, die uralten, die alten, die immer neuen. Der Barkeeper reicht offenbar nicht als Trost. «Diese Geschichten gibt es massenhaft», sagt Kimmel. Sein

Lieblingsbeispiel aus der Literatur ist «Moby-Dick», er nennt Herman Melvilles Roman sogar den «Urtext» des Phänomens – und wieder geht es hier um eine große Reise, zu der sich Männer aufmachen, mit einem Schiff und einem Plan, der auch einigermaßen kopflos (beziehungsweise einbeinig) ist. Das Ganze wird erzählt von Ishmael, der sich ein Bett mit dem Harpunier Queequeg teilt, bevor sie ablegen mit der «Pequod», um den weißen Wal zu jagen. Ishmael überlebt am Ende nur deswegen, weil sich Queequeg einen Sarg gezimmert hat, an den sich sein Freund klammern kann, als das Schiff und der Plan und alle Mann untergehen im Ozean. Das mit dem Umklammern gefällt Kimmel am besten an dieser Geschichte, weil es sie so schön einklammert – und weil es so selbstverständlich und leicht sei, wie die beiden Freunde da am Anfang eng umschlungen im Bett liegen. (Soso. Davon definitiv später noch eine Menge mehr.)

Jedenfalls: Wenn es schon Urtexte wie «Moby-Dick» gibt, könnte man dann bei besten Freunden nicht gleich auch von einer anthropologischen Konstante sprechen? Von einer Konstellation, die in der Menschheitsgeschichte immer wiederkehrt und gewissermaßen das System stabilisiert? «Ich bin Soziologe», antwortet Kimmel darauf, «ich möchte Ihnen hier jetzt nicht mit der Bibel oder Alexander dem Großen kommen und behaupten, dass es zu allen Zeiten eine Tugend unter Männern war, platonische Bündnisse zu schließen. So zu reden ist verführerisch, klar, aber ahistorisch. Und genauso wenig will ich behaupten, dass Männerfreundschaften ein rein modernes Phänomen sind.»

Aber was würde Kimmel denn dann sagen? «Ich würde es folgendermaßen sehen: Moderne kapitalistische Gesellschaften gründen sich auf Individualismus. Das hat zwei Konsequenzen. Die stärksten Bündnisse, die der Mensch im Lauf der Geschichte geschlossen hat, waren nicht freundschaftlich, sondern familiär. Am Anfang ist da die Familie. Und die Familie, das sind deine Freunde. Später, in der Schule, beim Militär, im Beruf, wird man in Umstände geworfen, in denen Freundschaften entstehen – als Ersatz für die Familien, aus denen man gekommen ist. Aber all diese Institutionen – Familie, Militär, Beruf – sind in der Moderne brüchig geworden: Wir ziehen weg von zu Hause, wir gehen auf verschiedene Schulen, wir wechseln die Jobs. Das hat ungebundene Individuen hervorgebracht, die frei von Ort zu Ort ziehen und immer neue emotionale Verbindungen knüpfen müssen. Das Bedürfnis nach solchen Verbindung ist zeitlos. Aber man muss ein autonomes Individuum sein, um sie überhaupt knüpfen zu können.»

Und da kommen die Freunde ins Spiel? «Genau. Freunde sind immer wichtiger geworden, als Instrumente, mit denen man durch die Isolation des modernen Lebens steuert. Freundschaft, das ist die Familie, die wir uns selbst schaffen.»

Es klingt fast so, als habe die Freundschaft den Wandel der Epochen und ihre Brüche besser überstanden als andere Institutionen, als stünde sie nicht unter dem Generalverdacht, unter dem zum Beispiel die traditionelle Kernfamilie steht, obwohl Freundschaft ja genauso menschengemacht ist. Vielleicht weil weniger Interessen, weniger Erwartungen im Spiel sind? Und weniger Kontrolle, weniger Zwang?

Aber wenn das wirklich so ist, warum zeigen dann so viele Studien, dass Männer ihre Verbindungen zu Menschen, mit denen sie nicht verheiratet sind, eher schlecht aufrechterhalten können? «Das ist die andere Konsequenz, von der ich sprechen wollte», antwortet Kimmel. «Weil sich parallel zu dieser Entwicklung ein maskulines Selbstbild herausgebildet hat, dass überhaupt nicht darauf ausgerichtet ist, die Isolation zu überwinden: nämlich der stoische, undurchdringliche, undurchschaubare Mann. Der passt aber eher zu den alten Zeiten, als die Familie dein Freund war und man nichts dafür tun musste, dass es auch so blieb. Dieser Zwiespalt zwischen den Bedingungen der Moderne und den modernen Vorstellungen von Maskulinität hat Freundschaften problematisch gemacht.»

So arbeitet Michael Kimmel: Mit Fragebogen, verlässlichen Zahlen, Modellen, Strukturen, Kontinuitäten und Phänotypen wie dem stoischen, undurchdringlichen, undurchschaubaren Mann als *role model* der Moderne. Meine eigene soziologische Methode ist dagegen die eines Journalisten, sie lautet: Wenn es dir passiert, passiert es auch anderen.

Aber was ist mir eigentlich passiert?

Mir ist passiert, dass ich einen besten Freund hatte, seit ich ungefähr zwölf war, und wir uns bei jedem Geburtstagsgeschenk die Jahre vorrechneten, die wir noch vor uns hatten. Er saß übrigens am Steuer des alten Opels, als wir das Licht ausgeschaltet haben, mitten in der Nacht. Er saß bei einer Menge Quatsch neben mir. Die Jahre sind abgezählt, die Freundschaft ist auserzählt, wir reden seit langem nicht mehr miteinander.

Das ist mir also passiert: dass ich mit diesem Mann gebrochen habe, mit dem ich unzertrennlich war, das habe ich jedenfalls geglaubt, daran habe ich mich festgehalten. Ein Mann, der die gleichen Dinge, die gleichen Platten und Bücher mochte wie ich und mit dem ich gemeinsam hoffte, diesen Satz aus «Stand by Me» wiederlegen zu können: dass man also niemals bessere Freunde hat als mit zwölf.

Michael Kimmel will diesen Satz übrigens auch wiederlegen und am besten gleich die ganze Legende drum herum dekonstruieren, dass es nämlich so etwas gibt wie eine männliche Unschuld und vorpubertäre Größe, bis die Mädchen kommen und alles kaputtmachen – «and then girls come and fuck it up», hat er wortwörtlich gesagt.

Bei mir und meinem Freund kamen die Mädchen und die Pubertät natürlich auch, einmal verliebte sich sogar ein Mädchen in ihn, das mit mir Schluss gemacht hatte und in das ich blöderweise immer noch verliebt war. Aber wir blieben auch da Freunde. Und sind heute so auseinander, dass ich es nicht über mich gebracht habe, ihn anzurufen, um ihm zu sagen, dass ich über ihn schreiben werde, dass ihn aber niemand erkennen wird, der nicht dabei war.

Der nicht dabei war, als wir beim Opel das Licht ausmachten. Der nicht dabei war, als uns klarwurde, dass es geradezu notwendig ist, fürs Großwerden, einen sehr kleinen Kreis zu bilden, aus Privatgeschmack, Spezialinteressen, Seltsamkeitsmusik, Partikularmode, und sich gegen den Rest der Welt abzuschotten. Tischtennis. Hitchcock. Anoraks. Twin Peaks. Jackson Pollock. Lawrence of Arabia. Quadrophenia. Das gehört nur uns. Das geht keinen anderen was an. Das kapiert auch kein anderer. Gott, was waren wir Idioten. Aber es ging nicht anders. Wir mussten da durch. Und ich würde selbstverständlich alles noch mal genauso machen, wenn ich noch mal mit zwölf den Richtigen dazu fände, weil ich sonst heute vielleicht gar nicht wüsste, wie rücksichtlos und bescheuert das oft war: so zu tun, als sei man der erste Mensch auf der Welt, der entdeckt, wie viel Spaß es macht, immer genau das nicht gut zu finden, was gerade alle gut finden. Nur um dann etwas später das Gegenteil zu behaupten, die Hemden in die Hose zu stecken und schon wieder anderen Leuten Vorträge darüber zu halten. Gott, was waren wir Idioten. Aber ich habe ja schon gesagt, ich würde es alles noch mal so machen.

Nur, wie findet man den Richtigen dafür?

Es hilft natürlich, wenn man zwölf Jahre alt ist. Zwölf zu sein kann ja manchmal auch eine Strafe sein, aber um einen Freund kennenzulernen, ist es das ideale Alter. Zum Beispiel fängt in dem Alter kein Mensch auf Partys Gespräche mit «Und was machst du so?» an. Denn was soll man schon groß machen, man ist ja zwölf Jahre alt. Und welche Partys überhaupt.

Wobei man sich ja auch gar nicht kennenlernt, wenn man klein ist. In dem Alter wird man zusammengewürfelt. In eine Klasse gesteckt oder in einen Kindergarten. Freundschaft beginnt meistens als Zufall. Und solche Zufälle, das hat Woody Allen mal in einem seiner Filme nachgewiesen, und ich bin mir ziemlich sicher, dass er recht hat, Zufälle sind am Ende viel wichtiger im Leben als Talent oder harte Arbeit. (Woody Allen rühmt sich andererseits damit, nicht mit Männern befreundet zu sein, nur mit Frauen, es muss dann auch ein Zufall sein, dass er trotzdem in seinen Filmen immer wieder auch von Männerfreunden erzählt hat.)

Aber hat mir der Zufall einen Freund gebracht? Nietzsche – Entschuldigung, ich habe es grad nicht kleiner – hat in seinen Aphorismen von einem «Talent zur Freundschaft» geschrieben, das manche Menschen besäßen: Die einen seien wie Leitern und stützten sich auf dem Weg nach oben auf ihre Freunde, die anderen wie Kreise, die Freunde anzögen und um sich sammelten. In beiden Fällen steht offenbar ein Zweck, ein Erkenntnisinteresse dahinter, Nutzen, Funktionalität, Ökonomie: «Der Mensch im Verkehr», heißt das Kapitel, in dem Nietzsche vom Freundschaftstalent schreibt. Aber habe ich so mit zwölf gedacht? Es ist komisch, wenn man mit zwölf feststellt, dass man sich für jemanden anderes interessiert, mit dem man erst einmal keine gemeinsame Vergangenheit und auch sonst nicht viel gemein hat. Die Mädchen standen zum Beispiel auf ihn, das kann geholfen haben – aber ich fürchte, dass ich mich in Wahrheit gar nicht richtig erinnere, sondern nur rückwärts Dinge in unsere Geschichte hineinlese, um sie schon von Anfang an so groß zu machen, wie sie am Ende war, denn sonst wäre dieses Ende nicht so abrupt und endgültig gewesen.

An eins erinnere ich mich aber ganz genau, von Anfang an, in aller Klarheit: an die Eifersucht. Dass ich ihn nur schwer teilen konnte mit anderen Freunden. Dass es mich stolz gemacht hat, von ihm zu sagen, dass er mein bester Freund ist. Bis heute beruhigt mich nur wenig so, wie von meinem besten Freund zu hören, dass ich sein bester Freund bin, und ich werde unruhig, wenn ich es länger nicht gehört habe.

Es ist eine exklusive Sache. Für mich jedenfalls. Was es nicht leichter macht. Kann ja sein, dass es bei anderen geklappt hat, zum Beispiel bei Hölderlin, Hegel und Schelling. Drei beste Freunde, oder in Hölderlins Worten: «Eine Seele in drei Leibern!» Wobei am Ende aus den dreien doch auch wieder nur zwei wurden, die Karriere machten und dann nicht mehr viel mit dem dritten zu tun hatten, weil der in einem Turm in Tübingen saß und seltsames Zeug schrieb. Kann also sein, dass es geht, auch wenn die Geschichte dieser drei eher nicht gut ausgegangen ist. Ich hatte jedenfalls immer nur einen besten Freund, und als der es nicht mehr war, war eben nichts mehr mit ihm. Und dieses Nichts hat viel Kraft gekostet.

Als ich Michael Kimmel davon erzählen und meine Theorie von der Exklusivität ausbreiten will, unterbricht der mich sofort und fragt: «Hat sich vielleicht bei einem von Ihnen im Laufe der Zeit der Status verändert? Sind Sie umgezogen, hat sich einer von Ihnen scheiden lassen oder geheiratet? Männerfreundschaften neigen nämlich dazu, sehr episodisch zu sein. Sie konzentrieren sich auf bestimmte Phasen im Leben: Man hat einen besten Freund an der Uni, glaubt, man sei für immer mit ihm befreundet, dann kriegt man aber den ersten Job und zieht um und findet neue Freunde im neuen Job, und so geht das immer weiter. Und irgendwann, wenn Männer ins mittlere Alter kommen, sind sie meistens nur noch mit den Männern der Freundinnen ihrer eigenen Frauen befreundet.»

Meine Güte, was für eine Vorstellung – als finge man als Nietzsche an und ende als Golfpartner. Und ich höre Kimmel zu und weiß, er hat die Zahlen auf seiner Seite, und ich schüttle den Kopf und nicke und schüttle den Kopf und weiß plötzlich nicht mehr, was trauriger ist: mit einem Freund gebrochen zu haben oder Teil eines Ablaufs zu sein, der in der Regel genauso ausgeht. Ein Anhängsel zu werden. Andere Männer nur kennenzulernen, wenn sie im Schlepptau ihrer Frauen kommen.

Also noch mal: Wie lernt man sich kennen?

Jonathan Franzen spricht von Liebe auf den ersten Blick.

Zweites Kapitel

DER URKNALL UND WAS DANACH GESCHAH

Jonathan Franzen spricht von Liebe auf den ersten Blick.

So war es bei seinem Freund, dem Schriftsteller David Foster Wallace. Und genauso war es mit seinem Freund David Means, auch ein Schriftsteller. Denn Franzen, das sagt er gleich dazu, als ich ihn frage, ob wir über die Männerfreunde Walter und Richard aus seinem Roman «Freiheit» sprechen könnten, Franzen sagt, er habe immer schon intensive Freundschaften zu Männern gehabt. Also nicht nur eine, exklusive. Und irgendwann sei ihm aufgefallen, dass er über dieses auffallend wichtige Element seines Lebens bislang gar nicht geschrieben habe in seinen Büchern. Auffälligerweise gar nicht geschrieben habe. Dann habe er sich umgeschaut in der Weltliteratur – weil ihn interessierte, was andere Schriftsteller zu der Sache beigetragen hätten – und gemerkt, dass es kaum einen guten Roman gibt, in dem Freundschaft eine zentrale Rolle spielt. Findet Jonathan Franzen jedenfalls. «Da gibt es ein echt kompliziertes, heißes Thema», sagt er, «mit dem ich mich auskenne und meine Erfahrungen habe – aber niemand hat bislang angemessen und erschöpfend darüber geschrieben.»

Und so kamen Walter und Richard ins Spiel, die Studienfreunde, Rivalen, Freunde, Feinde, Freunde.

Sie bringen sich gegenseitig an den Rand der Verzweiflung, in ihrer Liebe zueinander und zu derselben Frau, Patty – die nach Kräften versucht, Walter und Richard auseinanderzubringen, die offenbar einfach nicht fertigwird damit, dass es zwischen den Männern etwas gibt, an das sie nicht herankommt. Und wie lernen die beiden sich kennen? «Walter behauptete, mit Richard sei es genau wie mit Patty Liebe auf den ersten Blick gewesen.» So steht es im Roman.

Aber weil in diesem Buch ja nicht nur Figuren aus Papier herumlaufen sollen, sondern Menschen aus Fleisch und Blut, frage ich Jonathan Franzen, wie es denn im wirklichen Leben war, mit seinen Freunden.

«Ich kann mich in allen Fällen ganz genau an den Moment erinnern, als wir uns zum ersten Mal trafen», sagt Franzen. «Beziehungsweise wie es war, als ich den ersten Brief von David Foster Wallace bekam.» Bei dem anderen Schriftstellerfreund namens David, also bei David Means, sei es so gewesen: Franzen war mit ein paar Freunden in eine New Yorker Bar gegangen, über zwanzig Jahre ist das jetzt her, und einer dieser Freunde hatte noch einen anderen Freund mitgebracht, und wie dieser andere Freund, den Franzen noch nie vorher gesehen hatte, da jetzt saß und auf den Fernseher der Bar starrte, auf Bilder aus Israel, wo gerade irakische Scud-Raketen einschlugen, und wie diesen Mann das, was er da sah, offenbar sehr aufwühlte – «es war», sagt Franzen heute, «als hätte ich ihn immer schon gekannt. Da war etwas Vertrautes und auf Anhieb Liebenswertes an seinem Gesicht. Ganz ehrlich, wenn man mich gefragt hätte in dieser Nacht, was ich glauben würde, was die Zukunft bringen würde für ihn und mich, hätte ich geantwortet: Also, er wird einer meiner besten Freunde werden. Ich wusste es sofort. Seltsam, wie das immer geht.»

Als Jonathan Franzen ungefähr zur gleichen Zeit David Foster Wallace kennenlernt, fliegen keine Raketen – obwohl das zur stellaren Intelligenz von Wallace gepasst hätte. Nein, dieses Mal beginnt die Freundschaft auf Papier. Und leise, wie in der Tradition der großen empfindsamen Dichter: mit einem Brief, mit elaborierten Auseinandersetzungen und hin- und hergeschickten Traktaten darüber, wie man Bücher schreibt. Aber auch hier sei es eben auf der Stelle Liebe gewesen. So hat Franzen es in der Grabrede gesagt, die er auf seinen Freund halten musste: David Foster Wallace, der Autor einiger der größten und kompliziertesten Romane der amerikanischen Literatur seit den siebziger Jahren und bestimmt der lustigsten Reportage aus dieser Zeit, «Schrecklich amüsant, aber in Zukunft ohne mich», hatte sich nach Jahren der manischen Depression im September 2008 das Leben genommen, mit sechsundvierzig Jahren.

Es war also auf der Stelle Liebe zwischen Franzen und Wallace – obwohl Wallace ihn bei den ersten beiden Verabredungen in Cambridge einfach sitzenlässt und ihre Begegnungen, als die beiden sich dann doch endlich treffen, bei weitem nicht so intim wie ihre

Briefe sind, sondern oft stressig und überstürzt. Als ich Franzen frage, ob ihm aufgefallen sei, in welche Tradition briefeschreibender Schriftsteller sich die beiden da eigentlich gestellt hätten, ob ihm die Ironie der Sache bewusst gewesen sei, wieder zwei Dichter, die in Briefen miteinander um ihre Projekte ringen, die gemeinsam die Literatur von gestern überwinden und die von morgen erfinden wollen, ob es also einen Blick von außen auf ihre Beziehung gegeben hätte, springt er nicht darauf an. Er hatte schon abgewiegelt, als ich auch nur andeutete, Freundschaft könne so etwas wie ein literarischer Lebensstil sein: dass also etwas aus Büchern in das eigene Leben hineinwandert und weitererzählt wird. Franzen sagt es so nicht, aber ich habe den Eindruck, er findet diese Idee ziemlich platt. Oder nein, einfach nicht lebenstüchtig. «Richtig Freunde sind Dave und ich erst geworden», erzählt er mir, «als wir mit dem Briefeschreiben aufhörten und keine aktuellen Fragen der Literatur mehr diskutierten. Als wir anfingen, darüber zu reden, was uns wirklich umtrieb, uns über die gemeinsame Erfahrung austauschten, wie es ist, ein Schriftsteller zu sein. Du hast einen schlechten Tag, also rufst du Dave an und redest mit ihm darüber, wie es ist, einen schlechten Tag zu haben. Du hast das Gefühl, du solltest das Bücherschreiben doch besser aufgeben und dich lieber dafür einsetzen, dass dein Land nicht in eine politische Katastrophe schlittert – dann ruf einfach Jon an, dem geht es ständig so. Das ist Freundschaft für mich. Vorher ist es zwischen uns abstrakt gewesen. Die Anziehung war da, der Respekt war da und die Konkurrenz auch, die ganze Zeit über war all das da zwischen David und mir, aber das Vertrauen, die Sorge umeinander, die tiefe Identifikation miteinander, das kam erst später.»

Liebe, Vertrauen, Anziehung, Sorge, Identifikation: Das sind die Worte, die Franzen wählt. Und das, obwohl er in den siebziger Jahren, dem «touchy-feely-Jahrzehnt», wie Franzen es nennt, groß wurde, obwohl er gewissermaßen milieugeschädigt ist. Als Jugendlicher ist er nämlich in die christlichen Sommerlager der «Youth Fellowship» gefahren und wurde dort bestärkt, seinen Freunden doch ruhig mal freiheraus zu sagen, was er für sie empfindet. «Ich habe die seltsame Erfahrung gemacht, das lag an der Art dieser Gruppe, mehr als einmal ‹Ich liebe dich› zu meinem besten Freund aus der High School zu sagen», sagt Franzen. So seltsam diese Erfahrung in dem Ferienlager auch gewesen sein mag – sie hat es ihm aber offenbar nicht für den Rest seines Lebens vermiest, so über oder sogar mit seinen Freunden zu reden. Ich liebe dich: Vielleicht fällt es einem leichter, das seinem besten Freund zu sagen, wenn man nicht irgendwann dazu gezwungen worden ist. Vielleicht wird es aber auch ein bisschen wahrer, wenn man, obwohl man dazu gezwungen wurde, es irgendwann freiwillig tut. Vielleicht muss man es auch gar nicht sagen. Es gibt da ja keine Vorschriften.

Freiwilligkeit, Entscheidung, Wahlverwandtschaft, Solidarität: So redet die Forschung, wenn sie zu beschreiben versucht, warum und wie Freunde zu Freunden werden. Freundschaft, das sei etwas, was man aus freien Stücken eingeht. Für das man sich entscheidet. Das man deswegen auch wieder auflösen kann. Das deswegen nach individuelleren und emanzipatorischeren Prinzipen funktioniert als die Familie. In die wird man hineingeboren, da kommt man nicht mehr raus. Man ist Sohn oder Tochter und so weiter. Das hält ein Leben lang. Das ist unkündbar. Das verändert aber auch die Kriterien. Macht fauler. Oder unfreier. Mit Freunden sei es ganz anders: Bei denen müsse man daran arbeiten, dass es hält. Es ist gewissermaßen Ausdruck unserer Freiheit, Zeit und Gefühl in eine Verbindung zu stecken, die nicht die Natur für uns geknüpft hat, sondern wir selbst.

Das liest man so. Bei den Freunden, mit denen ich für dieses Buch geredet habe, spielte die Freiwilligkeit schon eine große Rolle: jener Moment, jene Situation, in der man sich jemanden aussucht, mit dem man sehr viel Zeit verbringen und die Dinge teilen will, die einem so passieren. Aber diese Freunde, mit denen ich geredet habe, reden anders als die Wissenschaft darüber. Machen oft gar keinen Bogen darum, es Liebe zu nennen oder Anziehungskraft, sind aber nicht so richtig zufrieden damit, diesen Urknall an Begegnung in ein einziges Wort fassen zu müssen. Die Erfahrung, die sie da gemacht haben und machen, ist zu eigen, zu komplex dafür. Mein bester Freund – im Grunde suchen sie alle, vermutlich auch nach unserem Gespräch noch, nach dem richtigen Wort für das, was ihnen passierte, als sie einander kennenlernten. Vielleicht haben sie aber auch damit aufgehört, es zu analysieren, und freuen sich einfach nur darüber, dass es passierte. Was passierte? «Etwas, das verwandt ist mit Liebe auf den ersten Blick in einem erotischen Sinn», sagt Jonathan Franzen ein wenig umständlich. «Erotik», sagt auch Mechthilde Vahsen, die Frauenfreundschaften erforscht hat, «Erotik», sie sagt es mir mehrfach und immer emphatischer, «Erotik», bis ich davor fast in Deckung gehe.

Mir kommt das aber vor wie ein Placebo, ein Platzhalter, eine Metapher. «Platonische Liebe», das ist auch so ein Begriff mit langem Bart. Wer weiß denn noch, wer Plato war, und wer will eine Freundschaft, die sich ein Philosoph ausgedacht hat? Da fehlt also offenbar ein Wort. Ein Wort allein ist aber zu wenig für die verschiedenen Versionen von Männern und ihre Freundschaftsvarianten. (Franzen zum Beispiel sagt, dass er immer schon mit mehreren Männern gleichzeitig befreundet gewesen sei, dass aber unter diesen Freunden wiederum einige seien, die ihrerseits nur wenige enge Freunde hätten. «Ich verstehe mich als jemand in der Mitte, so definiere ich mich selbst von jeher», sagt er und dass er das Verhältnis zwischen den beiden Davids, also Means und Wallace, mehr oder weniger geregelt habe – «sie wollten sich eigentlich gar nicht treffen».) Ich will auch nichts erzwingen, was man nur schwer in Worte fassen kann, wir sind hier ja nicht im Sommerlager für junge Christen. Ich frage mich nur, was das ist, womit es anfing. Fast kommt es mir vor, als seien nur deswegen schon so viele Worte darüber gemacht worden – tausend Seiten «Moby-Dick», tausend Seiten «Freiheit» –, weil eins noch nie gereicht hat. Ich habe einen sehr klugen Satz von Thomas Karlauf gelesen, dem Experten für Stefan George und Männerbünde, und zwar in seinem Nachwort zum Sammelband «Deutsche Freunde», den er vor Jahren herausgegeben hat, mit Porträts über Goethe und Zelter, Heidegger und Jaspers, Katte und Friedrich und die elf Freunde, die 1954 Fußballweltmeister in Bern wurden. Karlauf schreibt in diesem Nachwort von der Freundschaft als höchster Form der Individualität, so hätten es jedenfalls die Romantiker gesehen, er sucht nach Zeugenaussagen dafür, die umso vielsagender wären, je weniger geschönt sie sind, je weniger das Individuelle, Scheitern, Fehler, Missverständnisse aus ihnen getilgt sind. «Ein Text wäre demnach umso aufschlussreicher», sagt Karlauf, «je überzeugender er vermitteln kann, dass er gar nicht Aufschluss geben will, weil er, genau wie sein Gegenstand, die Freundschaft, sich selbst genügt.»

In dem Sinne mache ich hier vielleicht etwas falsch.

Nein, in dem Sinne wären die langen Bücher, die Menschheitsgeschichten von besten Freunden (und auch dieses Buch, obwohl es nicht so lang wird) deshalb alle ausschweifend und epochal, weil das Gefühl, das ihnen zugrunde liegt, so schwer in Worte zu fassen ist. Je näher man sich heranschreibt, heranredet, desto weiter weg rückt es, desto unschärfer wird es. Gleichzeitig aber erscheint es erst so richtig, wenn Freunde miteinander reden. Wenn ich Karlauf richtig verstehe, dann meint er: Sobald Freunde über ihre Freunde schreiben, sind sie freundlicher, als die Wirklichkeit ist, und hintergehen damit das höchste Ideal der Freundschaft – Aufrichtigkeit. Jede Generation erzählt sich ihre Geschichten neu, interpretiert sie dabei aber eben auch. Spricht die Seele, so spricht, ach! schon die Seele nicht mehr.

Aber ich bin nicht Schiller. Ich glaube ja gerade, dass die Freundschaft eine wahre Geschichte sein kann, die man sich erzählt. Vielleicht ist es ja auch nicht ein Gefühl, mit dem eine Freundschaft beginnt, oder ein abstrakter Zustand, der mit einem Wort schwer zu fassen ist – sondern eine Konstellation, die einem die Entscheidung für oder gegen jemanden abnimmt. Anfangs jedenfalls.

Manfred und Michel gingen zum Beispiel in dieselbe Klasse. Aber sie fallen einander erst mal nicht auf. «Andere waren lauter», sagt Michel. Und dass Manfred der beste Techniker beim Fußball gewesen sei: Immer wird er vor Michel gewählt, wenn gespielt werden soll. Manfred spielt auch viel Tennis, Michel dagegen rudert und fährt Rad. Es gibt erst einmal kaum Überschneidungen. Sie haben auch keinen gemeinsamen Heimweg nach der Schule, Manfred wohnt in einer anderen Ecke von Harburg, im noblen Heimfeld. Aber dann müssen Manfreds Eltern ins Bergische Land umziehen, es ist 1956, der Junge soll aber erst noch in Ruhe sein Abitur machen, es ist nämlich das letzte Jahr. Ein Anruf des Klassenlehrers, und Manfred kommt bei Michels Eltern unter.

Eine Zigarette besiegelt alles. Sie stehen auf der Straße, es ist Herbst. Erst lehnt Manfred die Zigarette ab, die Michel ihm anbietet, der Klassenlehrer steht nämlich noch daneben – aber als der in den dunklen Abend verschwindet, greift er zu.

«Exakt in dem Moment hatte ich nicht nur wegen der Zigarette das Gefühl, dass wir einen Draht zueinander finden könnten», sagt Michel heute und dass er gedacht habe: Dieser Manfred ist offenbar gar nicht so brav, wie er immer tut. «Ich weiß natürlich nicht mehr, worüber wir geredet haben, aber immerhin, dass es ab sofort so frei und unverkrampft war, wie das bei Jungs eben ist. Aber auch, und das ist für Jungs nicht so typisch, dass es sehr offen war.» Michel und Manfred teilen sich ab jetzt ein Zimmer. «Wir erzählten uns viel», sagt Michel, «wir trugen keine Fassaden voreinander und gaben nicht an.» Manfred hört erst fünfzig Jahre später auf zu rauchen.

Vielleicht muss man also einfach auch mal andersherum fragen. Nicht nur danach, was dazukam, was entstand und warum es blieb, wenn zwei Jungs oder zwei Männer Freunde werden, sondern danach, was fehlte. Was aus der Ordnung geriet, neu sortiert werden musste.

Manfreds Eltern waren also zum Beispiel fortgezogen, und auch wenn der Junge da schon vor dem Abitur steht und raucht, war er plötzlich etwas allein auf der Welt. Auch die Familie von Mitchell, dem besten Freund von Michael Kimmel, war grade umgezogen, als die beiden sich in der sechsten Klasse kennenlernen.

Zwei klassische Fälle, Konstellationen. Eine Suche nach neuem Halt, egal ob mit achtzehn oder zwölf.

«Ich kann Ihnen nicht erklären, warum Mitchell und ich Freunde wurden», sagt Michael Kimmel heute. «Er war sehr groß und sehr dick, das typische *fat kid*, aber ich mochte ihn einfach.» Mitchell kann sich leider auch nicht mehr so genau erinnern, wie das war, in einer Grundschule in Boston, vor mehr als fünfzig Jahren, ob sie da sofort Freunde wurden oder das etwas dauerte, es ist ja schon so lange her. Mitchell ist Kinderarzt geworden, vielleicht kann er aber ja erklären, warum es Kindern anscheinend leichter fällt, Freunde zu finden, als Erwachsenen. «Weil sie offener sind», sagt Mitchell, «weil sie keine vorgefasste Meinung davon haben, was ein guter und was ein böser Mensch ist. Sie sind großzügiger als wir Erwachsene.»

So einfach ist es dann wohl: Man freundet sich mit jemandem zum Beispiel an, weil prinzipiell erst mal jeder okay sein könnte. Weil sonst gerade keiner da ist. Existenzielle Einsamkeit, Geworfensein in die Welt, Ichkrise, Verzweiflung – nicht, dass ein Zwölfjähriger so was nicht kennen würde. Im Gegenteil, wer, wenn nicht ein Zwölfjähriger, kennt das, drei Minuten vor der Pubertät. Hat aber vielleicht andere Namen dafür, sucht anders nach Trost. Nennt das auch nicht Trost oder Halt, das sind erwachsene Worte, sondern will einfach nicht allein sein. «Ich bin mir nicht sicher, ob wir Freunde würden, wenn wir uns heute kennenlernen würden», sagt Michael Kimmel. (Mitchell, den ich natürlich auch danach frage, sieht es genauso.) «Wenn ich ihn jetzt anschaue», sagt Kimmel, «sehe ich immer noch den Jungen, der er mit zwölf war. Wir sind unterschiedliche Typen. Keine Ahnung, ob wir heute noch mal Freunde würden.» Ist das eine traurige Erkenntnis? Ich glaube nicht. Indem Kimmel die Geschichte seiner Freundschaft zu Mitchell rückwärts betrachtet, wird vielmehr plötzlich klar: So eine Freundschaft zwischen Jungs mag ja als Zufall beginnen oder weil grad kein anderer da ist, aber je länger sie dauert, desto größer wird sie, desto mehr wächst sie, eben weil sie schon so lange hält. Die gemeinsame Geschichte, die immer größer wird – darauf, scheint mir, gründet die Freundschaft, wenn sie in Kindertagen begonnen hat, das kann ihr Kitt sein.

Lebensumstände bringen also beste Freunde hervor. Sicher häufiger als Fingerzeige aus dem Himmel. Auch die Enge einer Institution und die Gewohnheit, die sie mit sich bringt. Eine Schule. Eine Klasse. Die Universität.

Stephen Fry hat Hugh Laurie in Cambridge kennengelernt. Er war, bis er dort ankam, reihenweise von immer neuen Schulen geflogen, so viel zu Ichkrise und Verzweiflung eines Teenagers. Er war von zu Hause weggelaufen, man hatte ihn wegen Scheckkartenbetrugs drangekriegt, er hatte ein paar Monate im Gefängnis gesessen, da war er noch keine zwanzig, er war ziemlich am Ende, und seine Eltern waren entsprechend verzweifelt. Fry versuchte, sich das Leben zu nehmen. Bevor er dann endlich irgendwie die Kurve kriegt, die Schule abschließt und nach Cambridge kommt, wo er immer hinwollte: Stephen Fry ist nämlich der typische, cordhosige, tweedige, die Klassiker rauf- und runterzitierende Engländer, und er weiß das selbst am allerbesten. Er wirkt wie eine Figur aus «Wiedersehen mit Brideshead», nur fünfzig Jahre später, und außerdem ist er nicht in Oxford gelandet, sondern in Cambridge.

Dort beginnt er 1978 am Queens' College zu studieren, ein bisschen jedenfalls, denn vor allem beginnt Fry zu schauspielern. Bald lernt er eine junge Kommilitonin kennen, nicht an seinem College allerdings, denn dort werden damals nur Männer aufgenommen. Die Kommilitonin heißt Emma Thompson und gehört zu den «Footlights», jener berühmten Kabarettgruppe, die Generationen von Komikern und Schriftstellern hervorgebracht hat: John Cleese und Michael Frayn, Graham Chapman und Germaine Greer, Douglas Adams und eben Emma Thompson. Und die, das behauptet sie jedenfalls in einem Film der BBC, war es, die Stephen Fry mit seinem besten Freund Hugh

Laurie zusammenbrachte: «Sie mussten sich einfach begegnen, das Schicksal hatte es vorbestimmt, dass sie Freunde werden sollten.»

Fry und Laurie – man kennt den einen vor allem als Dr. House und den anderen vor allem als Stephen Fry – werden sich in dieser Dokumentation nicht einig, wie es nun wirklich war und wo vor allem, bei Hugh oder bei Stephen? Und ob der eine Pfeife geraucht und der andere Gitarre gespielt hat und was für eine, eine teure Yamaha? Oder eine billige von Woolworth? Sie erzählen also zwei Geschichten davon, wie sie sich kennengelernt haben, damals 1980 in Cambridge, man kann ja von solchen Geschichten nicht genug kriegen. «Wie haben wir uns noch mal kennengelernt?», fragt Fry also, und Laurie antwortet: «Es war, wie du weißt, in einem Puff», und dann lacht Fry, und dann einigen sie sich doch darauf, dass es bei Stephen zu Hause gewesen sein muss; etwas blöd nur, weil der grade im zweiten Teil seiner Autobiographie «Ich bin so Fry» das Gegenteil behauptet hat.

«Man liest von Menschen», schreibt Fry in diesem Buch dann noch, «die sich auf den ersten Blick ineinander verlieben, wie vom Blitz getroffen und zum Klang jauchzender Geigen, schmetternder Becken und widerhallender Akkorde, und man liest von Blicken, die sich quer durch den Raum finden, ausgelöst von den schwirrenden Pfeilen, die Amors Bogen schoss, aber nicht so oft liest man von Menschen, die auf Anhieb entdecken, dass sie dafür geschaffen sind, miteinander zu arbeiten, oder geboren, perfekte Freunde zu werden.» Und auch Fry, der «Tschick» nicht gelesen haben dürfte, hat eine Stecker-Metapher parat: «Wenn die Welt voller Stecker ist, die nach Steckdosen suchen, und Steckdosen, die auf der Suche nach Steckern sind, wie – grob gesagt – die platonische Allegorie die Liebe umschreibt, dann besteht kein Zweifel, dass wir jeder exakt die Qualitäten und Unzulänglichkeiten besaßen, die dem anderen am meisten fehlten.»

Franzen spricht von Liebe auf den ersten Blick. Andere von Geschenken des Himmels. Wieder andere von Erotik. Und Stephen Fry von Steckern, die zusammenpassen, was ein bisschen englisch verklemmt wirkt. In der BBC-Dokumentation kann man den beiden Männern zum Glück bei ihrem Gespräch zusehen: Und auch wenn da eine Kamera läuft und die beiden wohl ein bisschen mehr sich selbst spielen, als ganz bei sich zu sein, fällt schnell auf, dass Laurie der Witzigere und Schnellere ist, während Fry häufiger lacht. «Hugh ist ein Mann der Reinheit, und ich bin ein schamloser Abgrund», sagt Fry dann noch, wie um ihr Yin-Yang-Verhältnis zu bekräftigen, und dass genau das nicht nur das Geheimnis, sondern die Formel ihrer Freundschaft sei.

Etwas fehlt. Der andere hat es. So könnte es also auch anfangen.

Jonathan Franzens Vater hatte, anders als sein Sohn, keine Freunde. Als kleiner Junge zwar schon, Earl Franzen hat dann später auch viele Geschäftsfreunde gehabt, bei einigen der Paaren, mit denen er und seine Frau sich trafen, habe er auch die Ehemänner sehr gemocht – «aber die Idee, mit einem anderen Mann einfach mal was essen zu gehen», Franzen lacht, «das ist bis zu seiner Pensionierung nicht vorstellbar gewesen. Und selbst dann wäre es nicht von ihm ausgegangen.» Weil es ihm unangemessen vorgekommen wäre, irgendwie zu intim, zu vertraut? «Kann sein. Er hatte immer einen ungewöhnlich ausgeprägten Hang zur Privatheit», sagt Franzen. «Er ist eben nicht wie ich in den Siebzigern damit groß geworden, in einem Kirchenraum zu stehen und seine Gefühle mit anderen zu teilen.»

Und Michels Vater? Der wirft den besten Freund seines Sohnes irgendwann aus dem Haus in Harburg-Eißendorf. «Fast zwangsläufig», sagt Michel, seien Spannungen entstanden zwischen seinem Vater und seinem neuen besten Freund, mit dem er so «ungeschminkt» reden kann, «sehr offen über Gott und die Welt und all das, was uns interessierte und bewegte». Das sei neu für Michel gewesen, bislang habe er sich so nur seiner Mutter anvertrauen können, es habe ihm gutgetan, das jetzt auch bei einem Gleichaltrigen zu tun – aber seinem Vater gefiel das offenbar gar nicht. Vor allem, weil Michel bis dahin sehr auf den Vater gehört habe, zum Beispiel was Politik angeht, die ihn eigentlich gar nicht interessiert habe, Manfred dagegen schon. Der habe diese Dinge allerdings ganz anders gesehen, «sozialer», sagt Michel, differenzierter: «Er hatte Einfluss auf mich.»

Es hat wohl auch nicht gerade zum guten Klima beigetragen, dass Manfred sich nicht an die ungeschriebenen Gesetze des Hauses hält, immerhin eine Familie mit goldenem Siegelring: dass er zum Beispiel die Tageszeitung nicht säuberlich gefaltet auf den immer gleichen Platz legt, damit der Vater sie abends wie ungelesen vorfindet. Den reizt das, eifersüchtig ist er sowieso schon. Aber, so erinnert sich Michel heute, sicher sei der Vater auch zu befangen gewesen, um seine Gefühle einfach zu zeigen – «es sei denn, man zählt seine bisweilen cholerischen Ausbrüche dazu». Auch Michels Vater stammt nun einmal nicht aus einem touchy-feely-Jahrzehnt, er war Offizier im Ersten Weltkrieg.

Dieser Vater, erst Prokurist, dann Direktor eines großen Reifenherstellers, sei ein «typisch starker Mann seiner Zeit» gewesen, sagt Michel: großzügig zwar, mutig, aus sehr gutem Haus, ein Motorradfahrer, der seine Doktorarbeit abbrach, um Geld zu verdienen, kein Mann der Traditionen eigentlich: Das Geld für sein erstes Motorrad zum Beispiel hatte er verdient, indem er einen Flügel verkaufte. Ein Mann mit großartigen Manieren, der mit siebzehn Abitur machte und sein Leben lang Homer auswendig konnte – «aber das Wort Liebe hat er allenfalls ironisch oder in Witzen benutzt». Die Eltern, so hört man es aus Michels Erzählungen heraus, sind sich über die Jahre fremd geworden, die Mutter sei sehr fromm gewesen, der Vater aber habe keine anderen Götter neben sich geduldet, sie passten nicht richtig zusammen, wahren aber die Disziplin (weswegen sich Michel schon damals vornimmt, um jeden Preis eine harmonische Ehe zu führen und deswegen wählerisch bei seinen Freundinnen ist). Dem Vater habe es wehgetan, dass seine Kinder die Mutter wohl mehr liebten als ihn. «Er war überzeugt, unsere Zuneigung ebenso verdient zu haben.» Und jetzt kommt da so ein siebzehnjähriger Klugscheißer in sein Haus, liest seine Zeitung, faltet sie danach falsch und verdreht dem Sohn auch noch den Kopf nach links. «Mein Vater hatte Respekt vor Manfred», erinnert sich Michel. Aber die «Sensibilität» im Umgang zwischen diesem fremden Jungen und seinem Sohn sei ihm eben suspekt vorgekommen. «Um des lieben Friedens willen» zieht Manfred also nach zwei Monaten wieder aus.

Manfred erzählt heute, er habe das damals aber gar nicht als Rauswurf empfunden. (Gut möglich, sagt Michel – sein Vater sei halt immer ein eleganter Mann gewesen und hätte so etwas nie mit dem Holzhammer erledigt, sondern mit den Mitteln der Diplomatie.) Manfred leuchtet aber natürlich trotzdem ein, warum es damals so kam, wie es kam: «Michels Vater hatte sicher eine Wut auf mich. Der war ziemlich tyrannisch und wollte Michel genaue Vorschriften machen, und er hat wohl bemerkt, dass wir unter einer Decke steckten. Das war auch nicht schwer, wir hatten ja ein kleines Zimmer oben unter dem Dach zusammen. Ich habe ihn jedenfalls nicht als väterlichen Freund in Erinnerung – zumal ich auch voreingenommen war durch das, was Michel mir erzählte –, sondern als einen Feind, gegen den man gemeinsam angehen muss, über dessen Einfluss ich Michel hinweghelfen muss. Michel hat mir Jahrzehnte später meine Briefe aus dieser Zeit zurückgeschickt, in denen schreibe ich immer wieder: Du musst dagegen angehen. Lass dich nicht so sehr davon beeinflussen.»

Aber erst einmal ist die Phase des gemeinsamen Widerstandes vorbei, Manfred zieht aus und zu einer anderen Familie. Die Freunde sehen sich jetzt nicht mehr täglich, nur noch an den Wochenenden – das aber, betont Michel, «grundsätzlich». Die Geschichte von Manfred und Michel fängt hier überhaupt erst an. Der Vater, kein Mädchen (im Sinne von Michael Kimmel) hätte die beiden fast auseinandergebracht. Aber nur fast.

Welche Rolle spielt der Vater eines besten Freundes also? Als ich Michael Kimmel nach seinem Vater frage und ob der einen Freund hatte, antwortet er mit einer Geschichte. Einer amerikanischen, sie handelt also nicht von Industriekapitänen der jungen Bundesrepublik, sondern von *frat boys*: Als sein Vater aufs College ging, zu Roosevelts Zeiten, Ende der dreißiger, Anfang der vierziger Jahre, sei einer seiner Verbindungsbrüder zu ihm gekommen und habe ihm gestanden, schwul zu sein. «Ich werde es niemandem anderen als dir erzählen», habe er gesagt, «du bist der einzige Mensch auf der Welt.» Michaels Vater habe das Geheimnis für sich behalten, «er hat ihn nicht im Stich gelassen, er blieb sein Freund, als sei nichts gewesen. Stellen Sie sich das mal bitte kurz vor, das war kurz vor dem Ausbruch des Zweiten Weltkriegs, der Junge wäre fertiggemacht worden!»

Irgendwas muss dem das Gefühl gegeben haben, Michaels Vater vertrauen zu können. «Aber ich glaube, mein Vater hat mir diese Geschichte später erzählt, um mir zu zeigen, dass er versteht, wie Homophobie funktioniert. Und wie der Vater, so der Sohn, denke ich.» Michael Kimmel habe sich mit seinem Vater sehr gut verstanden. «Er war mein Idol», erklärt Kimmel, «mein Vorbild.» Es muss also gar nicht so sein, dass Söhne bei Freunden suchen, was sie an ihren Vätern vermissen. «Mein Vater und ich waren uns sehr, sehr nah», erinnert sich Kimmel. «Und ich dachte, dass sei bei allen so. Aber schauen Sie sich an, was Robert Bly schreibt, über die Leerstelle im Leben des Mannes, die der Vater hinterlassen hat. Der Vater in der postindustriellen Gesellschaft, so sieht es Bly nämlich, ist ein Fremder im eigenen Haus: Er hat kein Verhältnis zu seinen Kindern, seinen Söhnen vor allem, und die leiden sehr, sehnen sich sehr – und füllen die leere Stelle in ihrem Leben mit intensiven Freundschaften zu anderen Männern. Erst mal gestehen sie sich allerdings ein, dass es da eine leere Stelle gibt und Schmerz, so viel Schmerz! Ich habe eine ganze Reihe Männer kennengelernt, auf die das passte. Auf mich aber nicht.»

Robert Blys Buch «Eisenhans» ist ein Klassiker der

Männerbewusstseinswerdungsliteratur, in den frühen neunziger Jahren erschienen, das zentrale Werk einer ganzen Generation von Männern auf der Suche nach ihrer Seele im späten 20. Jahrhundert. Ich war wirklich froh, als Michael Kimmel mir in unserem Gespräch kurz zusammenfasste, was drinsteht. So musste ich das Buch nämlich nicht mehr lesen, was ich versucht, aber einfach nicht fertiggebracht hatte. Bly, nur so viel, versucht anhand von Grimms Märchen – wie dem vom Eisenhans, dem wilden Mann im Wald, der dem Königssohn hilft, in der Welt zu bestehen und am Ende selbst den Thron des Vaters zu besteigen –, archetypische Männlichkeitsmuster zu ermitteln, an die Männer von heute anknüpfen könnten. Mir kommt das Verfahren, Geschichten von früher in denen von heute zu spiegeln, ja irgendwie auch bekannt vor, ich bin nur jedes Mal schon am Inhaltsverzeichnis gescheitert: «Die Begegnung mit der Gott-Frau im Garten», «Die Verletzung durch die Männer des Königs» – als beschriebe Tolkien eine Familienaufstellung.

Trotzdem, die Sache mit der Leerstelle und dem Vater ist interessant. Ich habe alle Männer, die ich für dieses Buch interviewt habe, danach gefragt, ob ihre Väter einen besten Freund gehabt hätten, weil ich wissen wollte, ob so eine Freundschaft zu dem männlichen Selbstbild gehörte, mit dem sie aufwuchsen – und sie haben alle mehr oder weniger verneint: Nicht in dem Sinne, wie ich jetzt einen Freund habe, sagen sie. Nicht so intensiv. Nicht so nah. Wie der Vater, so der Sohn, sagte Michael Kimmel, dessen Vater also keinen besten Freund hatte, aber offenbar wirkte wie ein Mann, dem ein anderer Mann sein geheimstes Geheimnis anvertrauen kann. Ich selbst habe meinen Vater, ich hatte das ja schon geschrieben, nie danach gefragt, ob er je einen besten Freund hatte. Ich bezweifle es aber. Für die Zeit, in der ich ihn kannte, kann ich es ausschließen. Und meine Geschwister, die ich danach gefragt habe, müssen erst etwas überlegen, bis ihnen doch noch ein Freund einfällt, den mein Vater als Kind hatte. Aber sicher sind sie sich nicht. Es war bei meinem Vater wohl eher wie in der Systematik von Michael Kimmel: Unsere Familie war sein Freundschaftsersatz. Wir waren fünf Kinder, vier davon Jungs, es war ziemlich voll bei uns. Und auch in seinem eigenen Elternhaus war es ziemlich voll, mein Vater war der zweitjüngste von fünf Brüdern. Es herrschte also bei ihm nie ein Mangel an Männern, das hat meinem Vater vielleicht gereicht, vielleicht auch nicht, ich weiß es nicht. Ich jedenfalls kann mehr mit dem anfangen, was Jonathan Franzen von zu Hause erzählt: dass er zwei ältere Brüder hatte, Bob und Tom, mit denen er sehr eng war, und dass es ihn das sehr geprägt habe, was seine Freundschaften angeht: mit zwei starken männlichen Charakteren aus seiner eigenen Generation unter einem Dach zu leben. «Ich war so viel jünger als sie, dass die beiden nicht richtig mit mir stritten, sondern untereinander», sagt Franzen. «Das hat für mich eine große Rolle gespielt.»

Können für manche Männer die Brüder also wichtiger sein als die Väter? Und die Generationen, denen sie angehören? Michels Vater hat sich auch an der Intimität der beiden Jungen gestört, an ihrem offenen Umgang, den er so nicht kannte (auch wenn es da die Geschichte eines Studienfreundes gibt, nach dem Michels Bruder Florentin benannt ist – doch dabei, sagt Michel, ging es wohl eher um die Exklusivität dieses Vornamens). Mein bester Freund hat keinen Bruder. Dafür hat er Manfred zum Vater, und da wird es dann schon etwas komplizierter mit der Frage, ob man etwas sucht im besten Freund, das man nicht kennt von zu Hause, das fehlt und ersetzt werden muss. Denn Manfred hat ja einen besten Freund, Michel, und die beiden reden miteinander, seit mehr als fünfzig Jahren, seit der ersten Minute «ungeschminkt».

Und wenn wir schon bei Generationen sind: So einfach lässt es sich dann wohl auch nicht systematisieren und in eine teleologische Abfolge bringen: dass also das ungeschminkte Reden, die Intimität zwischen Männern von Jahr zu Jahr und von Mann zu Mann immer einfacher wurde. Michel zum Beispiel ist schon damals aufgefallen, wie ungewöhnlich die plötzliche Offenheit zwischen ihm und Manfred gewesen sei. Deswegen finde ich die Frage nach den väterlichen Vorbildern auch so interessant, denn wenn man es nicht am lebenden Objekt studieren kann und vorgelebt bekommt, vom Vater oder von den Brüdern wie bei Franzen, dann könnte man ja fast glauben, man hätte es selbst erfunden. Ein irritierend emanzipatorischer Augenblick. Vielleicht sucht man deshalb auch nach Geschichten, in denen die Formel steht für das, was einem da passiert. Oder man erfindet sich wirklich selbst. Michel de Montaigne, von dem es ja heißt, er sei der erste Schriftsteller der Moderne gewesen, der erste Mensch – er lebte von 1533 bis 1592 –, der sich quasi selbst erfand als Idiosynkrat und Individuum, dieser Montaigne hat über seine Freundschaft zu Étienne de la Boëtie gesagt: «Wenn man in mich dringt zu sagen, warum ich ihn liebte, so fühle ich, dass sich dies nicht aussprechen lässt, ich antworte denn: Weil er er war; weil ich ich war.»

Das klingt erst, als wollte er über etwas schweigen, von dem man nicht reden kann. Eigentlich beschreibt Montaigne da aber noch so einen irritierenden, emanzipatorischen Augenblick. Und er scheint eine Formel gefunden zu haben, die alles etwas kleiner rechnet, alle Soziologie, alle Vermutungen über familiäre Vorprägung oder kosmischen Zufall, wenn zwei sich kennenlernen und beieinanderbleiben. Die Formel lautet: Er ist er, und ich bin ich. Stecker, Puzzleteile, Zwölfjährige, Obdachlose. Aber immer, wenn wir zusammen sind, dann sind wir Freunde.

Gleichzeitig wird die ganze Angelegenheit damit aber gar nicht kleiner, sondern viel größer. Der Satz ist ja nicht nur eine Formel, sondern ein Geständnis, und zwar ein ziemlich pathetisches. Man findet dieses Pathos ständig in den Geschichten von besten Freunden. Es überwölbt ja nicht nur Charles und Sebastian, wenn die zwei ein paar Kilometer vom Landsitz Brideshead entfernt rauchend unter Ulmen im Gras liegen und vom Glück dichten: Fry hat Laurie seine Autobiographie gewidmet, dem «besten und weisesten Mann, den ich je gekannt habe, wie Watson von Holmes schreibt. Ich werde hier aufhören, bevor mir die Tränen kommen und ich zu faseln anfange.» Katte soll Friedrich «Mein Prinz, ich sterbe mit tausend Freuden für Sie!» zugerufen haben, bevor er geköpft wurde. Richard schickt seinem besten Freund, der nicht mehr mit ihm redet, eine CD, «Songs for Walter», und Walter heult natürlich, als er sie in den Händen hält. Ich habe Jonathan Franzen, der diese Szene geschrieben hat, gefragt, ob man ein sentimentaler oder besonders romantischer Mensch sein muss, um einen besten Freund zu haben. Sentimental sei das falsche Wort, hat er geantwortet, «mit romantisch kann ich aber etwas anfangen. Ich glaube, wenn man eine romantische Natur hat und in einer glücklichen Beziehung mit einer Frau lebt, aber einen Überschuss an romantischen Impulsen besitzt, dann könnten die in einer Freundschaft zu einem anderen Mann gut aufgehoben sein. Es muss ja nicht nur bei einem Mann bleiben. Man kann polymorph romantisch sein!»

Höchste Zeit, mal ein paar Frauen zu fragen, wie die das alles finden.

Drittes Kapitel

EFFI GEGEN DEN REST DER WELT

Aber erst mal ein bisschen Springsteen, wegen der Stimmung. Denn wenn «Moby-Dick» der Urtext aller besten Freunde sein soll, wie Professor Kimmel sagt, dann ist «No Surrender» ihre Hymne. Nicht böse sein, Schiller und Beethoven, aber eine Zeile wie «Wem der große Wurf gelungen / eines Freundes Freund zu sein» kommt an «We swore blood brothers against the wind / now I'm ready to grow young again» einfach nicht heran.

Unmöglich, das richtig zu übersetzen. Alles, um das es geht in «No Surrender», geht in der Übersetzung nämlich verloren. Die amerikanische Nacht. Die Gitarren, der Fluss. Natürlich ein Fluss, hier geht es ja auch wieder um zwei Jungs, die nichts als rauswollen.

Wir stürmten aus dem Unterricht,
nur weg von diesen Trotteln.
Wir lernten sowieso mehr von unseren Singles als in der Schule.
Heute Nacht hör ich den Drummer aus der Nachbarschaft
und fühle, wie mein Herz zu pochen beginnt.
Du bist müde, sagst du und willst nur deine Augen schließen
und in deinen Traum hinein.

Wir haben uns das versprochen
und geschworen, es nie zu vergessen:
Kein Rückzug, Baby, keine Kapitulation.
Wie Soldaten in einer Winternacht, die einen Schwur zu halten haben:
Kein Rückzug, Baby, keine Kapitulation.

Jetzt werden junge Gesichter traurig und alt
und Herzen aus Feuer erkalten.
Wir haben uns Blutsbrüderschaft geschworen, gegen den Wind.
Jetzt ich bin bereit, wieder jung zu werden.
Und zu hören, wie deine Schwester uns nach Hause ruft
über die offenen Höfe.
Um zu träumen, dass wir uns einen Platz schaffen, irgendwo
mit diesem Schlagzeug und diesen Gitarren.

Wir haben uns das versprochen
und geschworen, es nie zu vergessen:
Kein Rückzug, Baby, keine Kapitulation.
Blutsbrüder in einer Sommernacht, die einen Schwur zu halten haben:
Kein Rückzug, Baby, keine Kapitulation.

Jetzt werden die Lichter auf den Straßen schwächer, heute Nacht,
und die Wände des Zimmers kommen auf mich zu.

Aber es tut gut, das Lächeln in deinem Gesicht zu sehen
und deine Stimme mal wieder zu hören.
Wir könnten uns jetzt im Zwielicht schlafen legen
beim Flussbett
mit dem weit offenen Land in unseren Herzen
und diesen romantischen Träumen im Kopf.

Weil wir uns das versprochen haben
und geschworen, es nie zu vergessen:
Kein Rückzug, Baby, keine Kapitulation.
Blutsbrüder in einer Sommernacht, die einen Schwur zu halten haben:
Kein Rückzug, Baby, keine Kapitulation.
Kein Rückzug, Baby, keine Kapitulation.

Unmöglich, das richtig zu übersetzen. Bitte hören Sie jetzt besser ganz schnell den Song.

Springsteen hat «No Surrender» 1983 aufgenommen. Zu der Version, die er als Erstes veröffentlichte, auf «Born in the U. S. A.», könnte man vermutlich sogar tanzen, weil sie schnell ist und laut und aus Rock 'n' Roll gemacht. Aber Springsteen muss bald klargeworden sein, dass die Geschichte eigentlich zu intim ist für eine ganze Band, am liebsten singt er «No Surrender» nämlich inzwischen allein, zur Gitarre und Mundharmonika, und wenn er je ein amerikanischer Volkssänger gewesen ist, dann in diesen viereinhalb Minuten, die viertausend Seiten John Steinbeck aufwiegen.

«This one's for friendship», sagt Springsteen, bevor es losgeht, auf der Live-Aufnahme von 1984, die berühmt geworden ist und für die er den Text geändert hat, im Original kommt noch eine Geliebte vor, die fehlt jetzt, auch sehr interessant. Aber er hätte natürlich gar nichts von Freundschaft dazusagen müssen. Es wird schon klar, dass es hier einmal nicht um Autos und Mädchen geht wie sonst eigentlich immer bei ihm, jedenfalls beim Springsteen der frühen Jahre, dem, den Katte und Friedrich an ihren geheimen Nachmittagen hörten und der auch immer nur abhauen wollte aus der Scheißprovinz, in die er hineingeboren wurde, und der fest daran glaubte, dass es irgendwann klappen würde und dass es ihm zustand.

Der Triumphalismus dieser Jahre, die Unschlagbarkeit, die Arroganz kleiner Jungen und junger Männer, dem Wind doch sagen zu können, wie er wehen soll, all das hat sich bei «No Surrender» längst in Erinnerungen aufgelöst: Man sieht und spürt den Trotz und den Aufbruch nur noch, wenn man, wie der Freund von damals, von dem Springsteen singt, die Augen schließt. «No Surrender» ist nicht nur ein Schwur, nie und nimmer zu kapitulieren, sondern zugleich auch das Eingeständnis der Kapitulation: genau das nämlich getan zu haben. Denn die zwei Freunde, der Schlagzeuger und der Gitarrist, haben ihn ja offenbar eben nicht gefunden, den Ort für sich allein in diesem weiten, offenen Land, sonst wünschten sie sich ja nicht zurück an den Fluss, wünschten sich nicht, wieder jung zu sein.

Aber dass es sich gerade nicht wie Scheitern anfühlt, dass es gut ausgegangen ist, auch wenn im Leben nichts gewonnen wurde: Das ist die große Kunst von Bruce Springsteen. Für den es nämlich bedeutet, verloren zu haben, wenn man aufhört zu träumen. Das, was du siehst, wenn du die Augen schließt, sagt Springsteen, das gehört alles dir.

Ohne «No Surrender» gäbe es dieses Buch nicht. Und ich bin mir ziemlich sicher, dass ohne «No Surrender» vielen Männern nie klargeworden wäre, dass sie Freunde sind. Den Schweigsameren unter ihnen nimmt der Song ab, sich etwas zu sagen, was Jonathan Franzen seinen Freunden ständig sagen musste, als die noch in dem Alter waren, wo man regelmäßig an Flüssen zeltet. Es gibt übrigens ein Buch darüber, wie es ist, mit den Liedern von Springsteen großzuwerden: «Walk Like A Man» des kanadischen Schriftstellers Robert J. Wiersema, der ein großer, aber auch etwas kleinlicher Fan des Sängers ist und der – ein entscheidender Moment seiner Geschichte – eines Nachts als erwachsener Mann mit seinem besten Freund Greg von einem Springsteen-Konzert nach Hause fährt: Es gäbe so viel zu sagen, das wissen sie beide, aber sie schweigen sich bedeutungsvoll und ergriffen an, weil sie nicht über die Lippen kriegen, was es da also noch zu sagen gäbe, diese Gefühle, ach, diese gottverdammten Gefühle, und alles andere über das Leben, die Arbeit, die Frauen und Kinder, über den Lauf der Jahre und was sie aus uns gemacht haben und immer noch machen. Die beiden fahren halb redend, halb schweigend nach Hause, und es ist wirklich zum Heulen, weil Wiersema es hinschreibt, als läge die wahre Tapferkeit darin, mit dem Schweigen leben zu müssen, so als Mann, die wichtigsten Dinge immer für sich zu behalten, ein Indianer kennt keinen Schmerz. «Wie sollte ich das alles Greg sagen?», fragt sich Wiersema also. «Schon beim Gedanken daran fühlte ich mich schwach und unterlegen. So oft fühlte ich mich wie ein Versager, aber das laut zu sagen würde es nur noch schlimmer machen.» Dafür hat Wiersema das Buch dann Greg gewidmet, seinem *bloodbrother against the wind.*

Vielleicht ist «No Surrender» aber auch gar nicht die Hymne der besten Freunde. Vielleicht sollte man Hymnen am Ende wirklich Leuten wie Schiller und Beethoven überlassen. Springsteens Song enthält dafür die DNA, aus der sich die Erfahrung zusammensetzt, die ich hier zu beschreiben versuche: gemeinsame Anfänge, große Träume, Scheitern, Weitermachen, Erinnern. Weitermachen. «I'm ready to grow young again», singt Springsteen. Ist das wirklich ganz und gar unmöglich? Wenn ich Mitchell heute ansehe, hat ja Michael Kimmel über seinen besten Freund gesagt, dann sehe ich den zwölfjährigen Jungen, der er mal war. In dem Sinne wäre eine Männerfreundschaft wirklich so etwas wie eine Zeitmaschine, weil gemeinsame Erfahrung in ihr aufgehoben, ja weil Freundschaft im Grunde genau daraus gemacht ist und weil diese gemeinsame Erfahrung wieder lebendig wird, wenn Freunde zusammen sind: Der Fluss fließt wieder, das Auto rollt wieder mit gelöschten Lichtern, die alten Lieder klingen wieder so, als hörte man sie zum ersten Mal. «Projektion Regression: Wie ich gern gelebt hätte», hat Wolfgang Herrndorf seinen Roman «Tschick» einmal genannt, und mich hat diese Wahnsinnsvergeblichkeit, nicht zurückkehren, nicht zurückgehen zu können in der Zeit, beim Lesen zuerst komplett fertiggemacht: Es führt kein Weg zurück, kein Fluss, keine Schienen, das ist doch nicht zum Aushalten! Und dann wurde mir irgendwann klar, dass das nicht die ganze Wahrheit ist, es geht ja doch, und zwar genau mit Hilfe von Geschichten wie «Tschick» oder «Nordsee ist Mordsee» oder der von Huck und Tom, und es geht genauso, jedes Mal wenn Freunde zusammenkommen wie die beiden, von denen in «Tschick» und den anderen Büchern die Rede ist: Freundschaft hebt die Zeit auf, bringt die Uhr zum Stillstand, dreht sie dann sogar zurück. Der Preis dafür ist hoch: Mit jeder Drehung wird man etwas sentimentaler. Ich weiß überhaupt nicht, wie Bruce Springsteen es schafft, «No Surrender» immer wieder und wieder zu singen.

Doch, eigentlich weiß ich es ganz genau.

Aber wenn Sie Bruce Springsteen kein Wort glauben wollen, das kommt ja häufiger vor, dann vielleicht einem deutschen Soziologen wie Heinz Reinders, der nicht mit Schlagzeug und Gitarren, sondern Zahlen und Daten nachgewiesen hat, dass man schon als Kind und Teenager lernt, wie man dann als Erwachsener

Freunde hat, wie man Freundschaften pflegt, wie man die Verbindung hält. «Insgesamt», schreibt Reinders in seiner Studie über «Freundschaften im Jugendalter» aus dem Jahr 2003, «stellen Gleichaltrige eine wichtige Brücke für die Zeit zwischen Kindheit und Erwachsenenstatus dar, da in Freundschaften wichtige soziale Kompetenzen erworben werden, die sich bis ins Erwachsenenalter auf die Gestalt sozialer Beziehungen auswirken dürften.» (Ich höre wirklich lieber Springsteen.)

Es müsste dann aber auch andersherum gelten: Man sieht, heißt das, in seinen zwölfjährigen Freunden schon die Männer, die sie fünfzig Jahre später werden. Oder zumindest werden könnten. Wenn es gut läuft. Wenn sie Freunde haben, die sie in diesen fünfzig Jahren immer wieder an den Zwölfjährigen erinnern, der da in ihnen steckt: ein junger Mensch, der offener, großzügiger ist, freier in seinen Meinungen, der Gut und Böse noch lernt. Das sagt der Kinderarzt Mitchell. Wer «No Surrender» hört, könnte jedenfalls zwei Dinge glauben: Erstens, dass die Idee bester Freunde eine amerikanische Erfindung ist. («Das könnte sehr wahr sein», sagt Jonathan Franzen, als ich ihn danach frage. «Ich kenne diese romantischen Freundschaften von Engländern und Deutschen», lässt andererseits der Engländer Evelyn Waugh seine Romanfigur Cara, eine Italienerin, in «Wiedersehen mit Brideshead» sagen: «Ich glaube, dass sie gut sind, wenn sie nicht allzu lange dauern.») Und zweitens könnte man glauben, dass sich die Frage nach der romantischen Natur solcher Freundschaften überhaupt nicht stellt, weil es ohne sie ja sowieso nicht zu gehen scheint. Pochende Herzen, geschlossene Augen, das weite Land, die wilden Träume im Kopf – und dann kommt die Schwester und ruft einen zum Abendessen.

And then girls come and fuck it up.

«Männer verklären untereinander ihre Niederlagen, so was verbindet, so was schafft Freundschaften, vor allem auch gegen die dusseligen Weiber», hat Elke Heidenreich vor einigen Jahren im «Kursbuch» geschrieben. Wer an die Existenz von Männerfreundschaften glaubt, darauf läuft ihr sehr lustiger Text hinaus, der kann die Erde genauso gut auch für eine Scheibe halten. Elke Heidenreich hat auch ein paar Beispiele für beste Freunde parat, aber es sind solche, bei denen ich sogar bereit wäre, die Erde für ein Dreieck zu halten (Oskar Lafontaine und Peter Maffay?). Jedenfalls wettert sie derartig gegen Männerfreundschaft als eine Art Regierungssystem selbstgewisser Machos und Fettsäcke, die sich selbst unwiderstehlich finden, dass ich «No Surrender» unmittelbar nach der Lektüre ihres Textes erst mal etwas lauter stellen muss, um die Fragen, die Elke Heidenreich in ihrer Satire stellt, nicht ganz so deutlich zu hören.

Denn es ist ja nicht so, dass ich nicht verstünde, was sie da so überzeichnet: die Testosterongemeinschaften, die mafiöse Eitelkeit, der Kasten Bier als Allheilmittel für alle Probleme der Gegenwart. Ich glaube zwar auch, dass ein Kasten Bier das solide Fundament eines Abends unter Freunden sein kann. Aber nicht in Elke Heidenreichs Sinn, dass Männer dort, wo bei Frauen das Herz ist, ein Sixpack haben. Außerdem würde ich sagen, dass zu diesem Fundament auch der Kater und die Scham am nächsten Morgen gehören. Und selbst wenn Heidenreich diesen Text sehr deutlich sehr unernst und mit bester Laune geschrieben hat («Tränen schossen mir in die Augen, als ich einst Verteidigungsminister Volker Rühes Antwort auf die Frage las, was denn für ihn Glück sei: ‹Ein Truppenübungsplatz im Morgengrauen›»), bleibt ja da ein Befund. Und ein großer Zweifel. Männerfreundschaft, was soll das eigentlich. Und was soll das eigentlich sein?

Also rufe ich Elke Heidenreich an, um zu erfahren, woher ihre Zweifel kommen – und höre ihr dann erst mal dabei zu, wie sie sich ihren Text noch einmal vorliest, denn er ist ja inzwischen fünfzehn Jahre alt. Und ich muss selbst lachen, wenn sie lacht, und sie lacht, weil ihr das äußerst Unsubtile daran offenbar immer noch sehr gefällt. «Männer sind Kumpel», liest sie vor, «sie hauen sich auf die Schulter und rufen ‹Na, altes Haus!› oder ‹Hallo, alter Junge›, wenn sich treffen», und dann lacht Elke Heidenreich wieder, und ich lache mit. Denn auch wenn ich so was Bescheuertes – «wie ist die Lage?», «was macht die Kunst?» – in meinem ganzen Leben noch nie anders als ironisch zu irgendjemanden gesagt habe: Die Hilflosigkeit erkenne ich schon wieder, die sich in solchen Redensartlichkeiten versteckt, das Analphabetische, der Biertalk, natürlich kenne ich solche Sportsfreunde. Aber kennt denn Elke Heidenreich wirklich nicht auch andere Männer?

Und da fängt sie an zu erzählen: nicht von Männerfreundschaften, die gäbe es um sie herum nämlich eher nicht, aber von ihren eigenen Freunden, den Männern in ihrem Leben. Von einem zum Beispiel, den sie kennengelernt habe, als sie noch ein Teenager war. Mit dem sie eine Zeitlang auch gegangen sei und der bis heute einer ihrer engsten, wichtigsten und besten Freunde geblieben sei, fünfundfünfzig Jahre halte das jetzt schon: «Das empfinde ich als großes Glück», sagt Elke Heidenreich, «dass mich jemand ein ganzes Leben lang kennt und weiß, wie ich war» – und auch in diesem Satz springt schon wieder die Zeitmaschine an, die Freundschaft sein kann. «Ich weiß, ich könnte nie irgendetwas in meinem Leben anstellen, dass der mich nicht mehr lieb hätte», sagt sie dann noch und dass dieser alte Freund, ein Chirurg, sonst eigentlich keine Freundschaften zu Männern habe. Zu Frauen schon, Kollegen gäbe es auch, mit denen er sich träfe. Aber Freunde?

«Ich bin keine Feministin», sagt Elke Heidenreich, «aber ich glaube, Männer sind heute dank der Frauenbewegung zugänglicher für Gefühle geworden, und ich könnte mir vorstellen, dass sich das auch auf ihre Art, Freundschaften zu pflegen, ausgewirkt hat. Durch das Beispiel der Frauen sind sie sensibler geworden, und sie können sowohl besser mit Frauen befreundet sein als auch untereinander.» Und dann fragt sie mich aus: Zum Beispiel, ob Männer sich auch Päckchen zu Weihnachten und zum Geburtstag schicken würden? «Das machen ja Frauen sehr. Wir Mädchen schicken uns unentwegt Geburtstagsgeschenke und sonstige schöne Sachen, die wir sehen, von Katzenzungen bis CDs. Komisch, nicht? Das muss irgendeine Prägung sein. Ihr Jungs macht ja so was nicht.»

Haben Sie denn eine beste Freundin?, frage ich zurück. Nicht die eine, allerbeste, antwortet Elke Heidenreich, es sei eher so, dass sie das auf mehrere Frauen verteilt hätte, «es kann ja auch nicht die eine Liebe geben». Es gäbe also eine Frau für das ganz Persönliche, eine für das Intellektuelle, eine für das von Tag zu Tag, aber was sie heute nicht mehr brauche, sei eine Freundin, die ihr Päckchen schicke und die Hand halte. Elke Heidenreich ist zum Beispiel sehr eng mit der Schauspielerin Senta Berger befreundet, schon immer eigentlich, schon seit sie Mädchen waren, «die Senta und die Elke, wenn die zusammen sind, ist im ganzen Haus immer so a Wind», habe Sentas Mutter gesagt. Und so, wie Elke Heidenreich das erzählt und das Wienerische der Mutter nachmacht, ist der Stolz auf diese Freundschaft unüberhörbar, ich glaube sofort, dass die beiden diesem Wind auch gesagt haben, wie er wehen soll. Aber es sei nicht leicht, meint Elke Heidenreich, mit einer Schauspielerin befreundet zu sein, die auf der Straße, im Café oder sonst wo jeder sofort erkennt. Also schreiben die beiden Frauen sich Briefe, lange Briefe, Monat für Monat.

Eigentlich erklärt sich Elke Heidenreich die ganze Zeit über für unzuständig, über Männer und ihre Freunde zu reden – allerdings hat sie mir, bevor wir miteinander sprachen, einen Text geschickt, der ihre Skepsis widerlegt, mehr noch, der sich wie die Antithese zu meiner Welterzählung bester Freunde liest, wie ihre Schattenseite, eine unheimliche, unglückliche Parallele: Irgendwann ist Elke Heidenreich nämlich aufgefallen, dass all die großen Frauenfiguren der Literatur keine Freundin hätten. Keine Freundin, die Lolita vor Humbert Humbert gewarnt hätte, die Gretchen vor Faust oder Effi Briest vor Crampas bewahrte, die Anna Karenina erklärt hätte, wie beschränkt dieser Wronski ist, und Emma daran erinnerte, das Charles zwar langweilig, aber vielleicht doch nicht so ganz verkehrt ist. Alle diese Frauen, Nabokovs Lolita, Goethes Gretchen, Fontanes Effi, Tolstois Anna, Flauberts Emma, sind von ihren Erfindern einsam in ihre Geschichten gestellt, isoliert worden. Als Wesen, die sich nur in Männern spiegeln können, so wie die Männer, die sie erschaffen haben, sich und ihre Phantasien in diesen Mädchen spiegelten. «Es scheint», schreibt Elke Heidenreich in diesem Text aus dem Jahr 2010, «die großen Dichter haben Angst vor Frauenfreundschaften, die ihnen ihre tragischen Geschichten ruinieren könnten.» Und so, das ist ihr Schluss: «Keine Freundin, kein Morgen, dafür viele fabelhaft zu Tränen rührende Geschichten.»

Es gibt da also ein umgekehrt proportionales Verhältnis zwischen den vielen fabelhaft zu Tränen rührenden Geschichten von Männern und den vielen fabelhaft zu Tränen rührenden Geschichten von Frauen. Oder anders: Es gibt nicht nur keine Mississippi-Geschichten für Mädchen, keine Aufbruchsgeschichten, kein Effi gegen den Rest der Welt – es gibt in diesen Romanen, die diese Welt nicht zu Unrecht für Weltliteratur hält, nicht mal Freundinnen. Männer sind zu zweit. Frauen allein. Allein unter Männern, allein zu Haus.

Ob ihr das schon aufgefallen sei, als sie die Bücher das erste Mal las, frage ich Elke Heidenreich. Nein, sagt sie und erzählt noch einmal von dem jungen, unglücklichen Teenager, der sie damals, in den fünfziger Jahren, gewesen sei und dass sie sich lesend aus ihrer desolaten Familie herausgezogen habe – Bücher seien für sie «ein rettendes Geländer» gewesen, wie die polnische Dichterin Wisława Szymborska schrieb. Sie habe also gar nicht gezielt nach Freundinnengeschichten gesucht, sondern nach Überlebensmitteln überhaupt. Aber selbst wenn sie damals gesucht hätte, das wurde ihr später klar, sie hätte nichts gefunden. Da ist nichts vorgeträumt, ewig lang nicht.

Und plötzlich, in diesem Licht, sieht die Traumseligkeit von Typen wie in Springsteens «No Surrender» etwas anders aus. Weil selbst die Verlierer, die Bruce Springsteen besingt, die Söhne, die gegen ihre Väter aufbegehren, es allesamt und für immer leichter haben werden, einfach abzuhauen – als ihre Schwestern, ihre Mütter, als ihre Freundinnen und Frauen. Selbst die unterprivilegierten Männer sind privilegiert, als Männer nämlich, das ist ihr Erbe. Oder wie der selbsterklärte Feminist Michael Kimmel mal geantwortet hat, als man ihm vorhielt, die Frauenquote sei zutiefst ungerecht und die Sache der Emanzipation ja gut und schön, aber langsam über das Ziel hinausgeschossen, man brauche jetzt schnellstens auch *affirmative action* für Männer: «Dieses Programm gibt es schon seit Tausenden Jahren. Es nennt sich ‹Weltgeschichte›.»

«So you're sad and you're thinking that maybe you ain't that young anymore», singt Springsteen in einem anderen Lied, «Thunder Road». Darin geht es um einen Typen, der abends vor dem Haus seiner Freundin vorfährt und mit ihr abhauen will – und diese Mary antwortet also mit einem Satz, den sämtliche Frauen aus den Romanen von Fontane oder Jane Austen auch sehr genau verstanden hätten: Meinst du, ich bin noch jung genug, um so etwas wagen zu dürfen? Nicht mehr jung zu sein, das führt bei Männern bis heute zu sentimentalen Anfällen und Autoträumen – bei Frauen dagegen konnte es über Jahrhunderte hinweg aber zu einem existenziellen Problem werden.

Kann es also sein, dass ich, wenn ich durch diese Jahrhunderte gehe, vor allem deswegen Geschichten von besten Freunden finde, weil diese Welt halt über Ewigkeiten hinweg so ausgestattet war, dass den Frauen zur Selbstentfaltung das Recht fehlte? Und die Möglichkeit, es aufzuschreiben? Die Zeit? Die Position? Die Sicherheit? Dass es so viele Geschichten von Männern über Männer gibt aus den vergangenen Jahrhunderten, beweist ja erst mal nur, dass vor allem Männer schreiben und veröffentlichten konnten.

Ein Lied wie «No Surrender» ist, wie Stephen Kings Erzählung «The Body», die Vorlage für «Stand by Me», das unwiderstehlichste, süßeste, herrlichste, phantastischste Mittel, sich von einer Sekunde zur anderen in einen freischwebenden Menschen zu verwandeln, der sich im Besitz einer Zeitmaschine glaubt.

Aber der Song ist auch weinerlich, kitschig, selbstgerecht und regressiv. Dann gründe doch deine blöde Band, wenn es dir so wichtig ist, geh mal wieder Zelten im Zwielicht, statt hier darüber zu jammern, dass genau das deine besten Jahre waren, und damit jede Chance zu vertun, auch jetzt noch ein paar davon zu haben! Dieser «place of our own», den sich die beiden Freunde mit Schlagzeug und Gitarren schaffen wollten, hat nämlich nichts mit dem «room of one's own» zu tun, den Virginia Woolf 1929 in ihrem gleichnamigen Buch für Frauen gefordert hat und der jahrhundertelang fehlte: ein Raum mit Tür und Schloss und Schlüssel, um sich zurückzuziehen und zu schreiben (oder mit Gitarren und Schlagzeug Rocksongs zu schreiben). Was mit ziemlicher Sicherheit der Grund ist, warum man keine Bücher findet, die so alt wären wie «Moby-Dick», aber von Freundinnen auf großer Fahrt erzählen.

Aber bedeutet das nun, dass es in all den Jahren keine Frauenfreundschaften gab? Das kann ja überhaupt nicht sein. «Es gab sie natürlich», sagt die Stuttgarter Germanistin Hannelore Schlaffer, die ich danach frage, «aber sie sind nicht dokumentiert. Freundschaft ist ja ein öffentliches Verhältnis. Die ersten Frauenfreundschaften, von denen wir wissen, beginnen da, wo Frauen anfangen zu schreiben, Briefe zu schreiben.»

Ich hatte eigentlich erst vor, dieses Buch ohne die Frauen zu schreiben, um mich nicht am Wettbewerb im Gegenrechnen zu beteiligen, der immer unweigerlich auszubrechen scheint, wenn es um die Geschlechter geht. Der Bedarf an Geschichten über den Mann und was die Frauen von ihm halten ist groß und wird zuverlässig erfüllt. Ich dachte, da kann ich mich raushalten, erstens, weil ich glaube, nichts Substanzielles zu dieser Debatte beitragen zu können, und zweitens, weil mich ja hier in diesem Buch interessiert, was die Männer zusammenhält.

Aber so einfach geht das nicht, weil sich bei einem Buch über Männerfreundschaften von gestern und heute, aus der Kunst und dem Leben, mit jeder Seite eine Frage lauter stellt: Ob ich damit vielleicht andeuten wollte, Freundschaften zwischen Männern seien etwas anderes als zwischen Frauen? Und am Ende sogar irgendwie besser oder tiefer oder bedeutender? Ich dachte, ich hätte die Antwort darauf: «Es gibt keine Natur», sagt die Münchner Literaturwissenschaftlerin Barbara Vinken, es gibt also keine Männern und Frauen eingeborene Programme, die sie und ihr Verhalten, ihre Bedürfnisse, ihre Wünsche steuern.

Aber da ist nun mal diese Sache mit den Räumen, die Frauen so lange nicht hatten, und den Räumen, die Männer verloren glauben, seit sie nicht mehr jung sind. Das Herrenzimmer und das Frauenzimmer – und schon liegt ein Schatten über der ganzen herrlichen Roadtrip-Romantik. Und schon bin ich doch beim Geschäft des Gegenrechnens, schon sind die Abhauprobleme von Katte und Friedrich und den ganzen anderen jungen Männern zu Luxusproblemen geworden, gemessen an denen, die sämtliche jungen Frauengestalten der Literatur des 19. Jahrhunderts hatten oder sämtliche junge Frauen des 19. Jahrhunderts oder der Jahrhunderte davor. Denn was sind die Abhauprobleme eines Prinzen, der kein König werden will, gemessen an den existenziellen Problemen all der Prinzessinnen, die sich jahrhundertelang auch nicht aussuchen durften, wo sie leben, weil sie dynastisch verheiratet wurden?

«Man könnte die Frauen schon aus der Rechnung rausnehmen», sagt Michael Kimmel, als ich ihn damit konfrontiere. Er ist skeptisch, lässt sich aber trotzdem kurz darauf ein. «Man könnte das sogar aus einer feministischen Perspektive heraus tun. Feministinnen würden in dem Fall sagen, dass Frauen ihre eigene Stimme finden sollten – was jedoch nicht bedeutet, dass Männer ihrerseits auch verstummen müssen. Aber wir verstummen trotzdem, wir bringen uns selbst zum Schweigen. Wichtiger ist aus meiner Sicht allerdings zu erkennen, dass wir immer schon eine Stimme hatten, dass die Anforderungen an Maskulinität aber mit sich brachten, dass diese Stimme nicht authentisch war. Wir müssen unsere eigene Stimme jetzt also auch erst finden.»

Ich weiß nicht, ob das die Frage beantwortet, ob Männerfreundschaften anderes sind als Frauenfreundschaften. Ich bezweifle auch, dass eine neue Definition von Maskulinität etwas wäre, was die Menschheit irgendwie weiterbrächte, denn mit jeder Definition, was zu so einer neuen Maskulinität gehört und was nicht – mal richtig reden, mal richtig heulen –, schafft man ja wieder Außenseiter: Denn sind dann die, die das nicht tun, keine richtigen Männer? Was sind überhaupt richtige Männer?

Sich aber kurz klarzumachen, dass die eine über Jahrhunderte hinweg immer zu Hause bleiben musste, während der andere aufbrechen konnte, auch wenn er oft nicht weit kam, schärft den Blick für das, was in den Geschichten von den Männern und ihren Freunden fehlt. Beziehungsweise oft als gegeben und selbstverständlich hingenommen wird: der Vorsprung, den Männer bei ihrer Selbstentfaltung immer schon hatten. Auch den Vorsprung, in Geschichten etwas vorgeschrieben zu bekommen, was sie dann nachleben können: Freundschaft, Abenteuer.

Hannelore Schlaffer beschreibt es mit anderen Worten, als ich sie nach diesem Sonderbewusstsein frage, das sich mit jeder Geschichte weiter differenzieren konnte. «Männer können Männer bewundern und aus der Bewunderung heraus ein Verhältnis aufbauen», sagt sie. «Frauen haben das nicht gelernt. Den Großen bewundern und durch den Großen selber groß werden im Bündnis – das ist eine typische Männersache.»

Die Germanistin Schlaffer, eine Expertin für die Literatur der Weimarer Klassik, spricht da natürlich über die Welt von Schiller und «Don Carlos» und weniger über die Gegenwart, das sagt sie gleich dazu. Aber was sie über Männerbünde behauptet – gemeinsame Ideale, Abgrenzung, Opposition zu zweit –, das könnte man auch aus einem Springsteen-Song heraushören. «Das Pathos der Männerfreundschaft», behauptet sie, «kommt aus dem gemeinsamen Kampf, egal, ob es sich dabei um den Kampf für das Vaterland, für eine Firma oder eine Idee handelt. Männer tun immer etwas für etwas.» Bertolt Brecht habe für diese Konstellation den Begriff der «dritten Sache» gefunden und auch auf Männerfreundschaft angewandt: Männer sind zu einem Zweck miteinander befreundet. Und weil Männer immer anfällig für Begriffe gewesen seien, habe das Ganze dann auch noch so etwas Religiöses an sich. Treue sei ein Gebot dieser Freundschaften, deswegen spiele Verrat so eine große Rolle, deswegen die schweren Brüche. «Eigentlich sind die Männer immer Helden, und ihre Freundschaft wäre dann immer heldenhaft.»

Wir reden hier miteinander im Theoretischen und wissen das auch, und es macht Spaß, weil Hannelore

Schlaffer sich darauf einlässt und eher zurückfragt, als draufloszubehaupten. Sie hat selbst ein Buch über eine ähnliche, aus Ideen und auf Papier geborene Konstellation geschrieben, über die intellektuelle Ehe nämlich, über den «Plan vom Leben als Paar»: Es geht um Sartre und Simone de Beauvoir, Max Weber und seine Frau Marianne, um Verhältnisse, die mindestens so sehr in der Reflexion über die gemeinsame Rolle in der Welt zu Hause sind wie im wirklichen Leben. Den «Inbegriff des männlichen Verhältnisses», sagt sie dann noch, habe der Titel eines Kinderbuchs von Helme Heine auf den Punkt gebracht: «Richard. Wer dich besiegt, ist dein Freund», heißt es und erzählt von einem jungen Raben, der sich immer nur misst an anderen und sie unterwirft, bis niemand mehr da ist.

Und mir gefällt es sofort sehr, die Wahrheit, oder zumindest die neuen Indizien dafür, lieber in Kinderbüchern als bei Schiller und Goethe zu suchen. (Die Geschichte vom kleinen Raben Richard geht übrigens gut aus, am Ende, als er sich selbst im Kampf besiegt, weil ja kein anderer Gegner mehr da ist, und am Boden zerstört seinen großen Irrtum erkennt, nehmen die anderen Raben ihn auf und fliegen mit ihm auf und davon.) Aber trotzdem: Stimmt das denn alles noch, das mit dem Kampf, dem Stärkemessen? Die Männer, die ich danach gefragt habe, fremdeln mit dem Heroischen an der Freundschaft, mit dem Männerbündlerischen: Fast jeder, mit dem ich gesprochen habe für dieses Buch, hat zum Beispiel gesagt, dass er natürlich auch intensive Freundschaften mit Frauen habe, so wie Elke Heidenreich und ihr Jugendfreund, der immer noch weiß, wie sie mit fünfzehn war. «Es gibt Freundinnen, mit denen ich über Sport spreche, und es gibt Freundinnen, mit denen ich über meine Gefühle spreche, es hängt von der Situation ab», sagt auch Michael Kimmel. «Wenn man nur auf die Unterschiede achtet, dann sind die eben auch alles, was man sieht.» Und die Frauenforscherin Mechthilde Vahsen meint, sie habe Freunde, mit denen sie über Wechseljahre spräche, «die sind schon erwachsen», sagt sie, «die müssen da durch.»

Also schaue ich mal nicht auf die Unterschiede. Vor allem, weil Soziologen die sowieso nicht mehr so recht erkennen können, wenn sie Männer und Frauen von heute nach ihren Freunden fragen, viel eher und viel mehr entdecken sie Gemeinsamkeiten zwischen Männerfreundschaften und Frauenfreundschaften. Wenn ich also auch mal nach Gemeinsamkeiten Ausschau halte, sehe ich zum Beispiel sofort: Auch bei Frauen einen Hang zur imaginierten Freundschaft, die man erzählend interpretiert und weiterspinnt. Mechthilde Vahsen, die literarische Frauenfreundschaften erforscht hat, erzählt von den Briefen, die sich Luise Gottsched in der ersten Hälfte des 18. Jahrhunderts mit ihrer Freundin Dorothea Henriette von Runckel geschrieben hat, leidenschaftliche Briefe, in denen sich die beiden gegenseitig stärkten und stützten. Zweimal nur in ihrem Leben haben sich Dorothea und Luise getroffen und alles Weitere zwischen ihnen dann auf Papier miteinander ausgemacht. «Nie wird mich jemand überzeugen», dichtete Dorothea einmal an Luise, «die Freundschaft sei nur Männern eigen / und nicht bei Weibern dauerhaft.» Die beiden schicken sich schwärmerische Bekenntnisse und Anrufungen, genau wie Goethe und sein Altersfreund Zelter, die sich auch kaum begegnet sind, und wenn, dann in Weimar, weil Goethe nicht nach Berlin reiste, wo Zelter lebte. Die beiden sterben 1832 im Abstand von zwei Monaten, Goethe natürlich zuerst.

Oder wie bei den Aufklärern Gleim und Uz, die sich hundert Jahre vorher, in den späten dreißiger Jahren des 18. Jahrhunderts, beim Studium in Halle kennenlernen. Dann zieht Uz fort in die fränkische Provinz, die beiden sehen sich nie wieder, schreiben einander aber mehr als fünfzig Jahre lang mit klopfenden Herzen Briefe über ihre Freundschaft, deren Dauer und Tiefe sich nur in Äonen messen lässt, mindestens. In Gleims Bibliothek hat man übrigens Montaignes Essay über seinen Freund Boëtie gefunden. Nicht, dass mich das wunderte.

Als ich Hannelore Schlaffer danach frage, ob ihr diese Freundschaft zwischen Gleim und Uz in ihrer Sentimentalität nicht etwas pompös vorgekommen sei, ob sie die beiden jemals lächerlich fand, meint sie, dass sie beim Lesen der Briefe eher vor Langeweile gestorben sei: diese ewigen Projekte! Aber man müsse bedenken, wie isoliert Schriftsteller in diesen Zeiten gewesen seien, wie schwierig ihr Leben war, der Kampf mit dem Markt und damit, Bücher unterzubringen und Reaktionen auf sie zu bekommen.

In dem Sinne sind Briefe also erst mal kein Ausdruck eines Hangs zur imaginierten Freundschaft, sondern pure Notwendigkeit. Es war damals einfach nicht so leicht, zwischen Halberstadt im Harz (Gleim) und dem fränkischen Ansbach (Uz) hin- und herzureisen, noch nicht einmal zwischen Leipzig (Gottsched) und Dresden (Runckel). Aber sich ein Medium zu suchen, um mit seiner Hilfe zu ergründen, was zwischen zwei Menschen geschieht, das hört mit dem Ausbau von Bahnverbindungen und Telefonleitungen und Glasfaserkabeln nicht auf. Elke Heidenreich und Senta Berger schreiben sich ununterbrochen (genau wie Michel und Manfred). Und auch die Frauenrechtlerin Alice Schwarzer hat sich, vierzig Jahre nachdem die Freundschaft zu ihrer besten Jugendfreundin Barbara zerbrochen war, in Briefen mit ihr darüber verständigt, wer sie waren, wie es dazu kam, was dazwischenkam, als sie jung waren, in Wuppertal, später in Schwabing. «Was ist eine beste Freundin?», hat die Journalistin Julia Encke deswegen Alice Schwarzer gefragt, als deren Buch mit den «Briefen an die beste Freundin» herauskam, und Alice Schwarzer antwortete: «Die beste Freundin ist in dieser Lebensphase die, der man alles unbedingt sofort brühwarm erzählen muss. Manchmal geht das sogar so weit, dass man bestimmte Dinge überhaupt nur tut, um etwas zu erzählen zu haben.»

Wir erzählen uns Geschichten, um zu leben, sagt Joan Didion.

Und wie es der Zufall will, erscheint, während ich das hier schreibe, in Amerika ein neues Buch über Frauen und ihre Freundinnen. Susanna Sonnenberg hat es geschrieben, «She Matters» ist der Titel, was ein Wortspiel ist, einerseits kann das nämlich «Sie zählt» heißen, andererseits «Frauensachen». Es ist so was wie eine Autobiographie, erzählt anhand von Freundschaften: über die allererste Freundin, die Susanna Sonnenberg in der Grundschule hatte, über die aus dem Feriencamp, die aus der High School, die aus den ersten Jahren am College, die aus dem Auslandsjahr in Frankreich, die erste Mitbewohnerin, die erste Nachbarin, die aus dem Praktikum, die, als sie ihr erstes Kind bekam, die aus der Krabbelgruppe, die, als ihr Vater starb. Frauen sind für Susanna Sonnenbergs Lebensgeschichte so etwas wie Navigationsinstrumente. Männer kommen fast nur am Rande dieses Wegs vor, Sonnenberg fragt kaum danach, was sie in den Frauengeschichten, die sie sich aus ihrem Leben erzählt, für eine Rolle spielten.

Und ich lese und mache Haken hinter den Punkten, die ich aus den Freundschaftsstudien von Männerforschern kenne: Die Sache mit dem Status zum Beispiel, der sich verändert und die Freundschaft verwandelt (Heirat, Babys). Die Sache mit der Intimität, die man missverstehen kann (Körper, Sprache, Sex). Die wechselnden, immer neuen, total intensiven Freundschaften, die Susanna Sonnenberg mit jedem Ortswechsel knüpft, und die Schwierigkeiten, die Freundschaften, die nicht mit umgezogen sind, weiter zu pflegen. Ich will nicht, in Kimmels Sinn, nur die Gemeinsamkeiten sehen, weil ich sie sehen will, aber ich finde ständig trotzdem welche. Und das ist ja auch überhaupt kein Wunder. Es gibt ja keine Natur.

«Ich kenne Menschen», schreibt Susanna Sonnenberg, geboren 1965, an einer Stelle, «deren Sozialleben sich seit Studentenwohnheimzeiten zwanzig Jahre lang nicht verändert hat, die ihren intimen und weniger engen Bekanntschaften die Treue halten, auf jeder Hochzeit sind. Menschen, die mit ihren Familien zusammenglucken, mit Zeltlagergefährtinnen, Exfreunden aus der Schule. Sie freuen sich auf ein baldiges Wiedersehen und verplanen ihre Sommer. Sie bauen auf Gefälligkeiten von früher. Ich habe nichts von alledem je getan. Entweder hätte mich das Kraft gekostet, wo ich schon zu eingespannt war, oder ich hatte mich schon von jener älteren Version meiner selbst verabschiedet, mit der alte Freunde immer noch rechneten, oder ich hatte mein Innenleben so umgestaltet, dass für diese Leute darin kein Platz mehr war.»

Wenn man sich Freundin um Freundin durch Susanna Sonnenbergs Buch liest, lernt man aber auch eine Frau kennen, die erwachsen wird, gefestigter, die aber nie gelassener damit umgeht, dass Freunde auch andere Freunde haben. Sie übt das zwar, sie strengt sich an, «ich benahm mich wie ein Erwachsener», schreibt sie immer wieder, aber sie will die exklusive Liebe! (Dahinter mache ich auch einen sehr großen Haken.) Sie misst genau, wie sich die Stimmen ihrer Freundinnen verändern, wenn die mit ihren anderen Freundinnen telefonieren: Ist es genauso innig? Oder weniger? «Sie rief mich seltener an», schreibt Sonnenberg einmal, «und sie erwähnte eine andere Freundin», und einmal ist diese andere Freundin, oder besser: die Konkurrentin, die sie eifersüchtig auftauchen und sich breitmachen sieht, sogar die Tochter ihrer Freundin. «Die Frauen hielten nicht», sagt Sonnenberg irgendwann, und man hört die schmerzhafte Resignation aus diesem kleinen Satz laut heraus. «Unfähig, mit meiner Hoffnung und Sehnsucht klarzukommen, öffnete ich mich, gab ich alles, versenkte mich in einer Frau, als wollte ich in ihr verschwinden. Die Dinge flogen auseinander, oder wir verloren den Fokus. Ich konnte das Muster dahinter nie erkennen, die Lehren waren vergeblich. Jede Freundschaft endete wie eine wundersame Kurzstrecke.» Und so sprintet sie immer wieder los.

«Ich verstehe mich selbst erst in Dir», hat Goethe einmal an Zelter geschrieben, und auch wenn Susanna Sonnenbergs Buch angenehmerweise mehr mit Geständnissen in Talkshows als mit Herzensergießungen kunstliebender Klosterbrüder zu tun hat, bewegt es sich doch genau in derselben Umlaufbahn. Höchste Emphase. Empfindungstiefe. Äonen. Einerseits.

Aber andererseits, und ich verstehe das sehr genau: Lebt Susanna Sonnenberg mit dem Wunsch, der Hoffnung und der Gewissheit, dass sie ihr Leben mit Freundschaften ordnen kann, dass familiäre Bindungen nicht alles sein müssen, was hält, belastbar und sinnstiftend wirkt. Ihr Buch handelt von Freiheit, von der Emanzipation aus dem herkömmlichen Programm, das vorgibt, mit welchen Menschen man das Leben gestalten darf. Wer dazugehört. Das ist überhaupt nicht banal. Und ihr Buch handelt auch davon, dass da nicht jede Freundin mitmacht, dass nicht jede Freundin das zulässt, es erzählt von der Gegenwehr vor zu großer Intimität. Susanna Sonnenberg schreibt auch die guten Gründe auf, die ihre Freundinnen zu dieser Gegenwehr hatten.

Vielleicht sind das ja alles Zufallsfunde. Ich will auch keine Wissenschaft daraus machen, das besonders nicht. Mir reicht es schon, wie hier das Leben die Theorie schlägt, mal wieder.

Aber dann höre ich ein Interview über «She Matters» im Podcast der «New York Times», denn Susanna Sonnenbergs Buch ist lobend in deren «Book Review» besprochen worden, und wie Sam Tanenhouse, der Chef der Literaturbeilage, der Rezensentin Susan Chira die alles entscheidende Frage stellt, die Frage, die Susanna Sonnenberg eben nicht stellt: Ob es denn also Unterschiede gäbe zwischen Frauenfreundschaften und Männerfreundschaften? Nicht, dass Susan Chira hier eine Expertin wäre, sagt Tanenhouse noch dazu, aber sie könne doch mal eine Vermutung wagen, zum Beispiel darauf bauend, was sie bei den Freunden ihres Mannes und ihres Sohnes beobachtet habe. «Natürlich ist das schwer zu verallgemeinern», antwortet Susan Chira, «aber ich glaube, dass Frauenfreundschaften eloquenter sind als die von Männern, dass typischerweise viel geredet wird und dass die Männer, die ich kenne und die intensive und wichtige Freundschaften haben, das weniger über Sprache machen. Sie hängen mehr miteinander ab, und wenn es einen Konflikt gibt, reden sie eher nicht darüber, sie ziehen sich lieber zurück. Frauen aber reden über ihre Probleme, weinen, schreien sich an. Ich glaube, dass Frauenfreundschaften tendenziell extrovertierter sind als Männerfreundschaften. Und dass Männer vielleicht nicht immer, aber oft weniger reden und ihre Freundschaften auf enorme Loyalität und gemeinsame Interessen gründen. Aber nicht unbedingt auf die Fähigkeit, Probleme anzugehen. Das tun Frauen natürlich auch nicht immer. Aber ich glaube schon, dass Frauen ihre Freundschaften – so habe ich das jedenfalls beobachtet – benutzen, um vieles in ihrem Leben und ihren Entscheidungen zu steuern. Die Männer, die ich kenne und die intensive Freundschaften haben, empfinden zwar meistens ein großes Gemeinschaftsgefühl, aber sie vertrauen sich nicht genauso, sie befragen sich nicht so und stellen sich nicht in Frage.»

Sam Tanenhouse stellt das, was Susan Chira sagt, auch nicht in Frage. Man könnte abermals eine Menge Haken machen, Grundkurs Männerforschung: Männer schweigen und schrauben an Autos herum, Frauen reden und reden. Offenbar müssen hier wie überall, wo es um Männer und Frauen geht, die Stereotype wie Platzanweiser herumstehen: ohne sie keine Orientierung.

Es ist ja auch schwer. Es gibt immer nur Vorläufiges zu sagen, Zugespitztes, Banales, selbst die Reflektiertesten sprechen in Stereotypen. Tausend Freunde also, tausend Experten. Die Ausschnitte aus dem Gesamtbild werden immer kleiner. Jeder hat recht. Wir sind alle Experten. Freundschaft, als Ausdruck von Privatgeschmack und Haltung, bringt das so mit sich.

Eine Stelle gibt es aber dann doch in «She Matters», an der man ein Gefühl bekommt dafür, wo Susanna Sonnenberg einen Unterschied zwischen ihren Freundschaften und denen der Männer um sich herum erkennt, einmal schreibt sie nämlich über ihren Mann Christopher und über Clay, der mit ihrer Freundin Mary verheiratet ist. Und während sich die beiden Frauen über den Tod von Marys Eltern unterhalten, die bei einem Flugzeugabsturz starben und Susanna plötzlich glaubt, vieles im Leben ihrer Freundin viel besser zu verstehen – gehen die Männer wohin?

Zum Angeln.

Ob die beiden Männer beim Fliegenfischen wohl auch mal über Marys furchtbares Unglück geredet hätten, fragt sich Susanna. «Clay hätte es ihm nicht erzählt», beschließt sie. «Sie kamen Tod und Beschädigung nicht nah. Sie sprachen übers Angeln, unendliche Analysen des Schmelzwassers in den Flüssen der Umgebung, der Wehre und Larven, darüber, wie sich die Forellen an kalten Tagen verhalten.» Und wenn Clay und Christopher mal beim Bier zusammengesessen hätten, «dann redeten sie über Frauen oder irgendwen anderen höchstens dann, wenn der was veröffentlich hatte.» Clay ist nämlich auch Schriftsteller. «Sie schauten nicht in die Vergangenheit zurück, die sie im gleichen Klassenzimmer verbracht hatten, wo sie zu den Männern heranwuchsen, die sie waren. Clay hielt sie auf Kurs, als Männer.» Trotzdem sei sie froh gewesen, dass Christopher, der ihren Appetit auf Menschen nicht teilt, sich mit Clay traf. «Ich hörte Menschen liebend gern dabei zu, wenn sie darüber redeten, wie sie sich verändert hatten, was sie zur Verzweiflung getrieben hatte, wenn sie über ihre abrupten Affären und gequälten Geschichten sprachen. Christopher waren die Männer dieser Frauen manchmal willkommen, aber sie hätten ihm auch nicht geholfen.»

Susanna Sonnenberg, deren erstes Buch ebenfalls autobiographisch war und von ihrer zerrütteten Familie handelte, sagt sehr wahrscheinlich nur deswegen so wenig über ihren Mann, weil sie einfach so viel mehr über ihre Frauen sagen möchte. Wieder etwas, das mir bekannt vorkommt. Aber es verstört schon ein bisschen: hier diese detailliert ausgemalten, noch einmal durchlebten und in jedem Nachgeschmack ausgekosteten Freundschaften zu ihren Freundinnen, dort plötzlich dieser fürsorglich-herablassende Ton, mit dem sie ihren Mann und seine Freunde beschreibt.

Ich fürchte, mir unterläuft das hier aber auch, ohne es zu wollen. Bin ich Partei? Ist man immer Partei?

Ich könnte jetzt wahrscheinlich noch ein Buch lesen und noch ein Gespräch führen, aber ich fürchte, ich fände auch dann keine erschöpfende Antwort auf die Frage, ob es einen Unterschied gibt zwischen Männerfreundschaften und Frauenfreundschaften. Keine Antwort, die ohne Stereotype auskäme, keine Antwort, die komplex genug wäre für all diese komplexen Freundschaften. Man müsste eigentlich jede einzelne Freundschaft auf der Welt aus allen Zeiten genau beschreiben, um gerecht zu sein. Es wäre wie mit der Bibliothek von Babel bei Jorge Luis Borges, die zur ganzen Welt wird.

Viertes Kapitel

GEFÄHRLICHE NÄHE

Und schon wieder Jungs auf großer Fahrt. Diesmal sind sie zu dritt, und es geht nicht nach Westen, sondern nach Osten. Es sind die drei aus dem alten Opel mit den ausgeschalteten Lichtern, denen in der Nacht auf der Landstraße ein Mann entgegengekommen war. Allerdings ist der Opel diesmal zu Hause geblieben. Und es sind die frühen neunziger Jahre. Und wieder war da etwas aus einem Buch ins Leben gewandert, diesmal sogar fast wörtlich, Mark Brandenburg, Fontane, eine vage Idee, ein halber Plan, zu Fuß, einfach los, erst bis an die Endstation mit der S-Bahn und dann mal sehen, wie weit wir kommen, zurück ja irgendwie immer.

Ich habe noch ein paar Fotos von damals. Zwei dieser drei mit Rucksäcken auf dem unbefestigten Bürgersteig eines brandenburgischen Dorfs, dessen Namen ich mir nicht gemerkt habe, ein Trabant fährt vorbei, ein ganz unironischer Trabant, so lange ist das her. Und dann unser Zelt im Wald, den Platz dafür, denn so was war ja illegal, hatten wir lange gesucht – und am nächsten Morgen gemerkt, dass man uns praktisch aus allen Himmelsrichtungen hätte sehen können, uns und unser Zelt, wie wir davorsaßen zwischen den aufgeforsteten Tannen und auf dem Spirituskocher Nudelsuppe machten oder was es war, drei Freunde und das Geheimnis der Waldbrandgefahr. Ich hielt mir die

Ohren zu in der Nacht, um die Geräusche im Unterholz nicht hören zu müssen.

Und Felder, brandenburgische Felder von der Ladefläche eines Lastwagens aus fotografiert, der uns mitgenommen hatte, ein IFA W 50 (diese Marke musste ich googeln, vielleicht stimmt es gar nicht), mein Knie hängt mit im Bild, ich hatte mich in eine ölige Lache gesetzt und den Hosenboden versaut (das weiß ich ganz sicher bis heute). Und ein Tümpel im Wald, im Gegenlicht, fast genau wie der, in den die Jungs aus «Stand by Me» gerutscht waren und in dem sie herumschwammen, bis die Blutegel kamen und die Jungs rausstürmten und sich die Tiere gegenseitig von der Haut rissen. Ein Tümpel wie bei Stephen King, denke ich also heute. Dachte ich damals, wie ich mich kenne, bestimmt aber auch schon. (Ich werde nie wieder so gute Freunde haben wie mit zwölf, werde ich gedacht haben. Doch. Doch! Es fängt jetzt alles erst an.)

Und noch ein anderes Foto von einem anderen Waldsee irgendwo bei Buckow, in dem wir dann schwammen, in den wir uns hineinfallen ließen, von einem dicken Seil an einem Baum, jubelnd, *the boys of summer*. Und ein Foto von einer Jugendherberge, die «Kuba» hieß, so lange ist das her, und die so gut wie leer war, wir waren fast die einzigen Gäste – vielleicht weil die anderen, die hier sonst Urlaub gemacht hatten, in jenem großen, heißen, brandenburgischen Sommer, dem ersten nach der Wiedervereinigung, lieber an die Costa Brava gefahren waren oder sonst wohin, ins echte Kuba vielleicht, das ging ja jetzt endlich. Am nächsten Tag wanderten wir weiter, diese offenen Felder und keine Schwester, die uns nach Hause ruft.

Und dann der Show-down. Das Ende von King und Springsteen und Fontane. Ein Campingplatz am Großen Klobichsee. Sie kamen in der Nacht, fünfzehn andere Jungs, denen wir später Namen gegeben haben, die sich selbst aber die «Rechtsradikale Front Brandenburg» nannten, ja, genau so: «Wir sind die rechtsradikale Front Brandenburg.» Sie kamen und traten das Zelt um und gaben uns zehn Minuten, um einzupacken und zu verschwinden. Aber die hatten wir nicht, sie kamen sofort wieder zurück und bauten sich vor uns auf, denn darum ging es natürlich: fünfzehn Typen von der rechtsradikalen Front Brandenburg, und sie sagten: Los, ihr Schwulen, was ist, du Schwuler, hau mir doch ein paar, lass uns prügeln, ihr Schwulen. Nein, sagten wir. Aber hallo, sagten die, los geht's.

Sie hatten uns schon tagsüber beobachtet. Ein paar von ihnen hatten uns sogar angequatscht, als wir auf der großen Wiese des Campingplatzes an ihnen vorbeigegangen waren, schöner Strohhut, fickst du dem auch in den Arsch? Drei Typen in einem Zelt, die können doch nur schwul sein, dachte sich also die rechtsradikale Front Brandenburg. Einen nannten wir «Optik», weil er eine Brille trug, aber das taten wir erst später, in Sicherheit. Und sie nannten uns schwul, direkt ins Gesicht, das sie uns einschlagen wollten.

Das war doch nur eine Chiffre, höre ich bis heute meistens als Erstes, wenn ich diese Geschichte erzähle. Ihr kamt halt aus dem Westen, ihr wart die Fremden, Klugscheißer mit Strohhut und Büchern. Aber es war der Sommer vor Hoyerswerda, sechs Wochen später brannte es dort, und die rechtsradikale Front Brandenburg hatte auf dem Campingplatz am Großen Klobichsee fünfzehn Zelte aufgestellt, für fünfzehn Kameraden, und das weiß ich ganz genau, weil wir am Ende nämlich in einem dieser Zelte übernachteten. Vorher hatten wir sogar noch mit den Kameraden Bier getrunken und ihre lächerlichen Erklärungen angehört, von den Stasi-Lehrern zum Beispiel, die sie immer noch unterrichten würden. Ja klar, da ist es natürlich vollkommen logisch, dass man in der Freizeit auf fremde Leute losgeht, Verhältnis fünf zu eins, was ist, bist du feige oder nur was Besseres? Nein, du bist sogar noch was Schlimmeres, weißt du, was du bist? Du bist schwul. Es war der Sommer vor Hoyerswerda, sechs Wochen noch bis zu den Attacken auf die Ausländerheime, und ich bin froh, dass wir ihn ohne einen einzigen Kratzer überstanden haben.

Es gibt auch ein Foto vom Morgen danach. Drei übernächtigte Jungs, fassungslos über das, was ihnen passiert war. Fassungslos, davongekommen zu sein, mit einem aus der Not geborenen, improvisierten, eigentlich komplett durchschaubaren Trick. Fassungslos, dass die rechtsradikale Front Brandenburg wirklich zu blöd war, einen echten von einem gespielten Asthmaanfall zu unterscheiden, denn das hatte uns gerettet: dass einer von uns röchelnd zusammensackte – und dass ausgerechnet der schwächste der fünfzehn Idioten losgeschickt wurde, sich um diesen Simulanten zu kümmern, damit die vierzehn anderen in Ruhe Prügel austeilen konnten. Und dass dieser Losgeschickte zu unserem Glück auch noch der mit den größten Skrupeln war und eine halbe Minute später panisch zurückrannte zu seinen Kameraden, weil der Typ da, dieser Asthmatiker, ihm langsam echt abschmieren würde und dass die anderen doch bitte jetzt sofort helfen kommen sollten, schwul hin oder her.

Sie haben dann sogar ein Asthmaspray aufgetrieben.

Ich habe ihnen aus Angst nach dem Mund geredet.

Bevor es hell wurde, sind wir abgehauen.

Irgendwann, Jahre später, habe ich aufgehört mitzuzählen, wie oft in meinem Leben ich schon von anderen Männern schwul genannt worden bin. Damals, am Großen Klobichsee, das muss wohl das erste Mal gewesen sein. Sie haben mich aber natürlich nicht schwul *genannt*, diese anderen Männer, das wäre wirklich zu freundlich ausgedrückt, sie haben mir das in aller Gehässigkeit an den Kopf geworfen, hinterhergeschleudert, und meistens waren sie zu mehreren. Wenn ich es mir recht überlege, bin ich eigentlich noch nie von einem Mann, der ganz allein unterwegs war, schwul genannt worden. Auf dem Weg zum Fußballstadion, in der vollen U-Bahn, auf Bahnstationen, nächtlichen Straßen ist es mir am häufigsten passiert. Der amerikanische Schriftsteller Ralph Martin, der mit seiner Familie in Berlin lebt, hat Ähnliches beschrieben: dass Männer ihn schwul genannt hätten, weil er zum Beispiel einen Schal in einer bestimmten Farbe auf eine bestimmte Weise trug und vielleicht auch weil er eher schmächtig ist. Die anderen hätten natürlich auch einfach an ihm vorbeilaufen können, aber da passte irgendwas nicht in ihr Bild, und das musste raus.

Interessant. Wir leben im 21. Jahrhundert, aber die Art, wie ein Mann einen Schal trägt, kann eine Provokation sein – für andere Männer. So wie der Umstand, dass drei junge Männer sich ein Zelt teilen. Die, die sich da irgendwie provoziert fühlen oder was es genau sein mag, die sich gestört fühlen: die können natürlich überhaupt nicht wissen, ob die anderen Männer, die sie für schwul halten, es auch sind, aber sie kombinieren es sich aus einer Reihe von Indizien zusammen, Schmächtigkeit, Schaltragen, engster Raum, das reicht offenbar. Andererseits habe ich einen Freund, für den es das höchste Glück auf Erden ist, sich mit seinen beiden besten Freunden in einem Zelt auf dem Berg einschneien zu lassen und den ganzen Tag abseits der Pisten Ski zu fahren. Einer von den dreien ist Polizist beim Sondereinsatzkommando. Ich bezweifle, dass sich die rechtsradikale Front Brandenburg mit diesen drei Supertypen anlegen würde. Macht Sport also unverdächtig? Das ist nur eine rhetorische Frage.

Es gibt also heterosexuelle Männer, die sich von anderen heterosexuellen Männern provoziert fühlen, die anders heterosexuell sind als sie.

Als der amerikanische Autor Stuart Miller vor Jahren für ein Buch über Männerfreundschaften zu recherchieren begann, traf er sich anfangs, um sich vorzutasten, mit ein paar Männern aus seinem Umfeld, Professoren, ehemalige Lehrer, denen er von seiner Idee erzählte. Sie hörten ihm zu und schauten ihn dabei immer nervöser an und fragten dann alle mehr oder weniger: «Männerfreundschaft. Heißt das, Sie wollen über Homosexualität schreiben? Könnte gefährlich für Sie sein.» Er müsse aufpassen, habe zum Beispiel ein Professor gesagt, ein alter Freund, Naturwissenschaftler, ein Mann, wie Miller schreibt, der sich um seinen Stand in der Welt keine Gedanken mehr machen musste: «Natürlich sind Sie sich dessen bewusst, dass man denken wird, Sie schreiben über Homosexualität.»

Natürlich.

«Was mich interessiert, ist die Zuneigung zwischen erwachsenen Männern», hat Stuart Miller geantwortet. «Sind wir wirklich schon so weit gekommen, dass man Freundschaft unter Männern für etwas Merkwürdiges hält?» Der alte Professor habe ihn trotzdem sorgenvoll angeschaut. Und er war nicht der Letzte, der so reagierte: «Wo immer ich hinkam», schreibt Miller, «überall stieß ich auf das gleiche Missverständnis. Die groteske Notwendigkeit, gleich am Anfang zu erklären, dass mein Thema nicht die Homosexualität ist.» Und dann sagt er einen Satz, der eine Antwort darauf sein könnte, warum ein Zelt wie ein Schlüsselreiz wirkt, wie Anfang oder Ende einer Indizienkette: «Scheinbar sind die einzig anregenden menschlichen Beziehungen, die man sich vorstellen kann, erotischer Natur.» Zum Schluss ist da doch immer nur wieder Sex mit im Spiel, meinte er damit. Um das Wesen von Männerfreundschaften zu verstehen, sollte man sich besser an den Gedanken gewöhnen, dass Sex in der Beziehung, in der Liebe zwischen zwei Menschen nicht alles ist, «nicht mal das Vorherrschende», schreibt Miller. «Manchmal und vielleicht häufiger, als man glauben mag, spielt Sex dabei überhaupt keine Rolle.» (Männern und Frauen, die befreundet sind, gesteht man das ja auch nicht so ohne weiteres zu.)

Millers Buch ist dreißig Jahre alt. Die Akzeptanz homosexueller Liebe dürfte, zumindest in den westlichen Ländern, heute so groß wie nie zuvor in der Geschichte sein. Schwule und Lesben sind in ihrem zivilen Kampf um Akzeptanz und Gleichberechtigung ähnlich erfolgreich gewesen wie Feministinnen in ihrem Kampf um die Gleichstellung der Frau. Diese Bewegungen sind noch nicht am Ziel, aber schon weit gekommen. Immer noch gibt es aber Widerstände, Gewalt, Übergriffe auf Homosexuelle. Und unter Heterosexuellen bleibt etwas bestehen, was Psychologen wie Michael E. Addis die «homophobe Drohung» nennen: Die Furcht von Männern, für schwul gehalten zu werden, etwa wenn sie sich zu nahe kommen. Weswegen sie sich dann lieber gleich gar nicht näher kommen. Diese Männer schaden damit aber nicht anderen – wie die rechtsradikalen Idioten, die Zelte plattmachen –, sie schaden vor allem sich selbst. Könnte mir egal sein, macht mich aber traurig. Die Homophobie, erklärt mir auch Michael Kimmel, auf den Addis sich übrigens beruft, «hindert heterosexuelle Männer daran, intensive Freundschaften mit anderen Männern zu haben». Kimmel hält es sogar für möglich, dass diese Angst ein ungewollter, trauriger Nebeneffekt der *gay liberation* sein könnte: Je sichtbarer gleichgeschlechtliche Liebe im Laufe der Zeit geworden sei, desto stärker sei auch das Bedürfnis geworden, sich davon abzusetzen. (Genau, und hätte die Frau nicht so einen kurzen Rock angehabt, wäre ihr das nicht passiert. Ich weiß, dass Kimmel es überhaupt nicht so meint. Aber so zu argumentieren bedeutet am Ende doch auch, die Verantwortung zu verlagern.) Stuart Miller wiederum hält also eine Art Pseudo-Freud für das Problem – die selbstgebastelte, vermeintliche psychoanalytische Weisheit, dass jegliche Beziehung zwischen zwei Menschen am Ende irgendwie ja doch sexuell sein *müsse* und Sex, wie Miller sagt, die einzige fundamentale Realität für uns sei, das unhintergehbare Fundamentalinteresse: «Sobald wir auch nur die allerbeiläufigste Zuneigung zu einem anderen Menschen verspüren, nehmen wir an, dass sie in Wahrheit sexueller Art sein müsse. Und wenn das nicht der Fall ist, dann müssen wir bestimmt irgendwas vor uns selbst verbergen.» Das heißt: Selbst wenn wir denken, dass wir nicht schwul sind, könnte das bedeuten, dass wir die Wahrheit nur verdrängen.

Um das zu illustrieren, um zu zeigen, wie das funktioniert mit dem Verdrängen und dem Verbergen und dem Zweifel, beschreibt Miller eine Szene, wie er bei Freunden zu Gast ist und dort auf einen Mann trifft. Vater zweier Kinder, fünfunddreißig Jahre ungefähr, Miller findet ihn interessant, würde ihn gerne näher kennenlernen und beobachtet dann sich und sein Interesse plötzlich leicht alarmiert, denn in seinem Kopf geht es hin und her: «Ist er? Denkt er, dass ich? Wie kommt er dazu zu denken, ich sei, falls er tatsächlich denkt, ich sei?» Und so weiter.

Da musste ich an Didi und Stulle denken. Die beiden gehören auch in die sich über Jahrhunderte erstreckende Reihe großer bester Freunde, genau wie Ernie und Bert, Tim und Käpt'n Haddock oder Dick und Doof: Zwei, über die man lacht und bei denen man den Ernst wie die Liebe in ihrer Beziehung erst mal unterschätzt – was daran liegen könnte, das Didi und Stulle zwei Westberliner Schweinchen sind. Der Comiczeichner und Alleinunterhalter Fil hat sie sich ausgedacht: Didi und Stulle sind geniale Volltrottel, Abenteurer und Prollphilosophen, deren Welt solide aus Heavy Metal, Horror, Bräuten und Bierchen montiert ist. Sie sind Tagediebe, kein Mensch weiß, wovon sie leben, aber Gott ernährt sie doch – Gott spielt in den Comics übrigens selbst mit, genau wie David

Bowie und Hitler – aber vor allem sind Didi und Stulle beste Freunde. Selbst wenn der eine dem anderen ständig eine reinhaut. Aber sie können nicht ohne einander, sie haben es probiert, es geht nicht. Und da gibt es also einen Strip, «Wie Stulle schon kiekt» heißt er, in dem Didi, typisch für ihn, Stulle mal wieder aus heiterem Himmel quält, diesmal, weil, wie der Titel schon sagt, Stulle so guckt: «Ick schwöre», sagt Didi, «du bist so schwul Alta. Ey wie de jetzt schon wieda kiekst Alta: Nur schwul», und so geht das immer weiter, Didi stolziert herum vor Stulle und streckt ihm seinen Hintern hin, flötet «Pomechaniker» und «Herr Detlef» und verdreht die Augen, und Stulle murmelt die ganze Zeit nur geplagt vor sich hin, «Janich, ey du bist so bescheuert Didi weeste, oh Lord, dauert dit no' lange?», bis Didi endlich aufhört, sich triumphierend vor Stulle aufbaut, «so kiekste Alta» – und eine unübersehbare Beule in der Hose hat. Was ihn so verwirrt, dass er sich eine Zigarette ansteckt, herumhustet, übersprungshandlungsmäßig von Iron Maiden zu erzählen anfängt, die Samstag in der Stadt wären, ob Stulle denn auch zum Konzert ginge, ob sie wohl auch «666 – The Number of the Beast» spielen würden, das letzte Mal hätten sie das, ja, wäre doch geil, «666 – The Number of the Beast!» –, und schließlich, weil der Zustand in seiner Hose sich nicht ändert, seinem besten Freund einfach mal wieder eine reinhaut.

Der kleine Stulle ist der Held dieser Szene. Erträgt stoisch das Theater, das sein großer Freund da aufführt, wehrt sich nur leise, lacht auch nicht über diese Beule, wartet ab, weil er weiß, dass eine Freundschaft wie die zwischen Didi und ihm über alle Zweifel erhaben ist, auch über die, die sein Freund am Ende selbst vielleicht hat. Andererseits hat Fil hier ziemlich genau aufgezeichnet, was nach landläufiger Annahme auch dahinterstecken könnte, wenn einer vom anderen denkt, dass der schwul sei: dass es im Gegenteil bedeutet, dass er sich selbst nicht sicher ist, wie es um ihn eigentlich steht. Ich wünschte, eine Figur namens Pseudo-Freud wäre in diesen Comicstrip hineinspaziert und hätte das Ganze mal am aktuellen Beispiel analysiert.

Hannelore Schlaffer hat in unserem Gespräch die Männerfreundschaft eine intellektuelle Verbindung genannt. Sie wird dabei nicht gerade an Didi und Stulle gedacht haben, sie meinte damit aber auch nicht etwas, das man in Hochschulabschlüssen oder Bücherschränken misst, sondern: eine geistige, keine körperliche Beziehung. Deswegen weiß man auch nicht genau, meinte sie, als sie das theoretisch durchspielte, ob zwei enge Freunde jetzt Homosexuelle oder Intellektuelle seien. Denn wenn die Idee, der gemeinsame Kampf, der Männer früher zusammengehalten habe, nicht mehr vorhanden sei, sich in Luft aufgelöst habe, was hielte die beiden dann eigentlich noch so fest zusammen? Wozu, fragt Stuart Miller in seinem Buch und spielt da auch kurz den Advocatus Diaboli, braucht der moderne Mann denn überhaupt noch einen Freund, wenn er alles, was er zum Leben an Intimität und Austausch braucht, doch von seiner modernen Frau bekommen kann?

Also muss da doch noch was anderes sein.

Millers Buch ist am Ende ein großer Klagegesang. Darüber, dass Männerfreundschaften kaum noch möglich seien, heutzutage: Er spricht von der «tödlichen Selbstisolierung der Männer», von ihrer «programmierten Obsession», was «Arbeit, Leistung und persönliches Vorwärtskommen» betrifft, von ihrem «ängstlichen Mangel an Engagement» und «ihrer angelernten Angst vor Intimität» – alles Verhaltensweisen, «von denen der Staat, die Behörden und verschiedene andere Organisationen des modernen Lebens zehren». Auch wenn die Angst, für schwul gehalten zu werden, weit verbreitet ist, schreibt Miller, sei sie am Ende aber nicht das größte Hindernis für Männer, einen Freund zu finden: Soziale und finanzielle Unterschiede spielten dabei eine viel größere Rolle.

Tödliche Selbstisolierung, programmierte Obsession, angelernte Angst vor Intimität – mir ist Millers aussichtsloser Ton fremd, sein Buch ist dreißig Jahre alt, vielleicht liegt es auch daran. Ich erkenne in diesem militärisch-industriellen Komplex einer organisierten Leistungsgesellschaft, den er da ausgemacht hat, vor allem keinen Gegner – und wenn das einer sein sollte, dann kann man sich gerade mit einer Freundschaft vor ihm schützen. Aber selbst wenn ich das Dramatische aus Millers Ton rausrechne, bleibt ein irritierender Befund: Vielen Männern, die sich nicht zu einer Freundschaft trauen, steht der eigene Körper im Weg.

Da, wo Wissenschaftler von der «homophoben Drohung» sprechen, sehe ich jedenfalls fünfzehn Zelte für fünfzehn Jungs auf einem Campingplatz in Brandenburg. Aus Angst, für schwul gehalten zu werden, schliefen die Kameraden der rechtsradikalen Front Brandenburg einzeln, separat und allein. Nach dieser Logik hätten sie den Russlandfeldzug eigentlich für eine Art Christopher Street Day halten müssen, aber wie gesagt, es waren nicht die Hellsten, die sich da mit uns schlagen wollten, sie haben ja auch das mit dem Asthma geglaubt. Und am Ende haben sie uns dann sogar wieder zu dritt in ein Zelt gelassen.

Das ist ihnen aber bald auch selbst wieder seltsam vorgekommen, offenbar ließ die Wirkung des Asthmasprays langsam nach: Wir hörten sie vor dem Zelt über uns reden (ich hielt mir die Ohren besser nicht mehr zu in dieser Nacht), also sind wir vor Morgengrauen aufgestanden, haben unsere Sachen gepackt, leise, nur leise, und sind weggelaufen, so schnell es ging, zur Straße, mit dem Bus in den nächsten Ort, dann zurück mit der S-Bahn nach Berlin. Ich weiß nicht mehr, wer auf der Flucht das erste Wort gesagt hat. Und ob wir danach nur über unsere Angst gesprochen haben und das Riesenglück, das wir hatten, oder ob es auch einen Moment mal um diese Sache ging, die das Ganze ausgelöst hat. Dass diese Scheißnazis uns für schwul gehalten hatten, weil wir uns ein Zelt teilten. *Weil wir so kiekten.* War es uns komisch vorgekommen, dass uns das nicht selbst komisch vorgekommen war? Vielleicht kam es uns nach dieser Nacht komisch vor.

Nein, mir kam es überhaupt nicht komisch vor, bis heute nicht. Interessanter als die Frage, warum so was mir passierte und anderen nicht passiert, ist sowieso diese Sache mit den fünfzehn Zelten. Fünfzehn Typen, die sich nachts hinter Planen voneinander abschotteten, weil – ja, weil sonst noch mal was genau passieren könnte? Stuart Miller war erstaunt, wie weit verbreitet die Angst unter Männern ist, für schwul gehalten zu werden, er ist ihr bei seinen Recherchen in den Vereinigten Staaten begegnet, in Deutschland, Belgien, Frankreich, Spanien, England, Schweiz, Portugal, in Italien – «buchstäblich jeder, mit dem ich sprach, erwähnte es». Und auch wenn Miller noch so nachfragte und bohrte, wie genau die Angst vor Homosexualität diese Spanier, Engländer, Amerikaner und Portugiesen daran hinderte, enge Freundschaften mit anderen Männern zu schließen, ob sie vielleicht glaubten, am Ende doch davon schwul zu werden zum Beispiel, konnten sie das alle nicht beantworten.

Meine kleine Umfrage unter besten Freunden für dieses Buch ergab, dass sie selbst sich nie verdächtig vorkamen. Verdächtig ist natürlich das falsche Wort: Sie haben sich und ihren Freund nie misstrauisch angeguckt und sich gefragt, ob sie da vielleicht etwas übersehen. Aber sie sind ja auch allesamt beste Freunde und wissen, dass einen anderen Mann zu lieben nicht bedeuten muss, mit ihm knutschen zu wollen, die Empirie dieser Umfrage ist möglicherweise etwas tautologisch.

Und doch.

«Was Maskulinität ist», behauptet Michael Kimmel, «wird von Männern festgelegt. Maskulinität ist homosozial und wird von Männern für Männer praktiziert. Also passt du besser auf, nicht zu viel von dir preiszugeben. Sie haben dich ja ständig im Auge.» Ich habe, wie gesagt, keine Lust, die sogenannte Maskulinität auf irgendetwas festzulegen, mich hinzustellen und zu sagen: Das und das gehört dazu, das besser nicht mehr, Cowboystiefel zum Beispiel nein, Schals ja, Preisgeben auch, Schweigen auf keinen Fall. Es könnte mir auch komplett egal sein, ob Männer nun Freunde finden oder nicht oder wie viele und wie eng, braucht man einen exklusiv, gehen auch fünf – wenn ich nicht damals, auf dem Campingplatz am Großen Klobichsee, beinah die Fresse poliert bekommen hätte, weil es fünfzehn anderen Männern nicht gefiel, was ich da mit meinen besten Freunden tat, wie nah ich ihnen kam. (Ein gottverdammtes Drei-Mann-Zelt! Es heißt ja sogar so, ab Werk.) Und auch wenn es sicher viele, viele Männer gibt, die beste Freunde haben und deren Zelte noch nie plattgemacht wurden: Mir ist es eben passiert. Nur waren wir drei, in dem Zelt, überhaupt nicht das Problem. Mangelnder Respekt ist das Problem. Und eine zu kleine Vorstellungskraft. Andere Menschen nicht völlig grundlos auf der Straße zu beschimpfen und zu bedrohen, egal, mit welchen Worten, das ist erst mal eine reine Frage der Höflichkeit. Damit nicht klarzukommen, dass es Männer auch in anderen Versionen als der eigenen gibt, die man kennt, ist ein Zeichen emotionaler Unreife unter Erwachsenen.

«Freundschaft», hat Hannelore Schlaffer in unserem Gespräch dann noch gesagt, «ist der Inbegriff der Freiheit, die Männer der Öffentlichkeit vorleben.» Ein selbstgewähltes Bündnis, ein eigenwilliger Plan. Und sie hat sich deshalb auch etwas gewundert, als ich sagte, dass in den Männerfreundschaften, wie ich sie erlebe, etwas Emanzipatorisches steckt. Wovon würden sich Freunde denn emanzipieren, wenn ihre Freundschaft der Inbegriff der Freiheit und des Privilegs ist? Aber ganz so selbstverständlich ist es ja offenbar doch nicht. Ich gebe zu, ich empfinde das sicher auch deshalb so stark, weil ich eben schon auf Widerwillen und Ablehnung gestoßen bin. Kann sein, dass ich da überempfindlich geworden bin, es nervt halt nur so, es ist kindisch, und es hat nichts mit Intelligenz zu tun: Fünfzehn Brandenburger Volltrottel wie ein paar amerikanische Professoren ekeln sich offenbar ganz ähnlich. Aber wenn ich bei Miller und Addis von den Hemmungen lese, die manche Männer haben, Freundschaften zu schließen, weil das als Schwäche oder sonst was missverstanden werden könnte, wenn ich Kimmel zuhöre und seiner Theorie einer Homosozialität, die auch kontrollierend wirke, dann beginne ich zu zweifeln, wie frei eigentlich ist, was ich mir als die freieste Form eines Lebens miteinander überhaupt vorstelle: zwei Freunde, die aneinander festhalten und ihr Verhältnis zueinander immer wieder neu formatieren müssen, weil es etwas anderes ist als Ehe, als Verwandtschaft, weil es etwas ist, das man selbst in der Hand hat. Miller stellt zwar klar, dass Freundschaften zwischen Männern immer noch häufiger am sozialen und finanziellen Status scheitern als an der Furcht, für schwul gehalten zu werden – aber das ist am Ende wirklich kein Trost.

«Wir waren immer nackt, Tag und Nacht», sagt Huckleberry Finn irgendwann, das ist einer der erstaunlichsten Sätze aus Mark Twains Abenteuergeschichte vom Halbwaisen Huck und dem Sklaven Jim, die gemeinsam aus dem öden St. Petersburg geflohen waren: Ein weißer Junge und ein schwarzer Junge treiben auf einem demolierten Floß durch die Neue Welt, kurz vor jenem Bürgerkrieg, der Schluss machte mit der Sklaverei, deren Legitimation Twain in seinem Roman demontiert. Der amerikanische Literaturkritiker Leslie Fiedler, der den Begriff der «Postmoderne» prägte, hat Twains Roman und auch «Moby-Dick» in einem Aufsatz von 1948 auf seinen homoerotischen Subtext hin untersucht, was ziemlichen Wirbel verursachte: «Come Back to the Raft

A'gin, Huck Honey» hieß der Text, komm zurück aufs Floß, Huck, Schätzchen. War da also was? Mehr als nur Solidarität auf der Flucht, aus der nach und nach Freundschaft wurde? «Es so zu lesen», sagt Michael Kimmel, «heißt, Homosozialität mit Homoerotik zu verwechseln.» Fiedler ist vorgeworfen worden, amerikanische Nationalliteratur zu beschädigen, mit den Augen des Jahres 1948 auf das Jahr 1884 zu schauen, als das Buch erschien, und mit dem Begriff der «unschuldigen Homosexualität», den er auf die beiden Jungen anwendete, eine im Umkehrschluss irgendwie schuldige Homosexualität zu konstruieren, also am Ende selbst doch ein Schwulenhasser zu sein. Ich will das gar nicht vertiefen oder entscheiden, es ist nur einfach sehr interessant, welche Spekulationen bis heute zwei Freunde in einem Buch auslösen können, die nackt auf einem Floß sitzen. Oder auf dem Dach eines Schlosses sonnenbaden.

Es gibt zwei Verfilmungen von Evelyn Waughs Roman «Wiedersehen mit Brideshead». In der ersten, der fürs Fernsehen von 1981, sind Charles Ryder und Sebastian Flyte die typischen Flanelldandys, wie sie Oxford und Cambridge vor hundert Jahren in Serie hervorbrachten: Sebastian hat einen Teddybär, Aloysius, dem er mit einer Bürste droht, falls er mal wieder frech wird; Charles malt. Ihre ästhetischen Erfahrungen sind ausgesprochen antiakademisch, antikanonisch, falls sie je über so etwas reden – sie rauchen und trinken ja meistens eher. Und falls sie tatsächlich doch ein Programm haben, dann heißt es «Sebastian contra mundum», Sebastian gegen den Rest der Welt und Charles an seiner Seite. Es gibt dann aber diese eine Szene auf dem Dach des Landsitzes Brideshead, wo die zwei sonnenbaden und Sebastians kleine Schwester sie aufscheucht, da sieht man in der Serie ihre nackten Hintern. Es gibt auch eine Szene im Badezimmer und dann die natürlich, wo sie rauchend von ihrem Glück unter Ulmen reden. (Und es gibt ein Video auf Youtube, wo jemand diese Szenen zum Superschwelgertum von «All Of My Heart» zusammengeschnitten hat, einem Liebeslied der englischen Popband ABC: «Once upon a time when we were friends / I gave you my heart. The story ends …») Sebastian flieht irgendwann vor der Dressur durch seine allmächtige, schwerstkatholische Familie nach Marokko, wo er mit dem Deutschen Kurt lebt und wo Charles ihn im Auftrag der Flytes aufsucht, aber dann doch nicht mit nach Hause nimmt. «Es gab nichts mehr, was ich noch für Sebastian tun konnte», sagt Charles. Er hat aufgegeben.

Das ist die Fernsehserie von 1981. Und dann gibt es eine Kinoversion von «Wiedersehen mit Brideshead», die Julian Jarrold 2008 gedreht hat, noch zuckriger, noch prätentiöser, noch mehr Flanell und Pastell und Wachteleier und Champagner – und in der entschieden wird, was im Buch in der Schwebe bleibt: Sebastian küsst Charles.

Und auch wenn über Evelyn Waughs Bisexualität

ungefähr so oft spekuliert und geschrieben wurde wie über die von Thomas Mann, auch wenn das Buch wie jedes offen ist für Interpretation, hatte ich immer das Gefühl, dass diese Rätsels Lösung es sich zu leichtmacht. Ich bezweifle sehr, dass Jarrold jetzt endlich über Charles und Sebastian ausspricht, was man eine Generation vorher noch nicht sagen durfte. Evelyn Waugh, der auf dem College viele Freunde, aber nicht den einen hatte, wie er in seinen Lebenserinnerungen schreibt, ist ja ein englisches Nationalheiligtum an Ambiguität und Blasiertheit: Es hätte seinem Ruf nicht geschadet, wahrscheinlich im Gegenteil. Aber diese schwärmerische, von Eifersucht zerrissene, von Stolz und Bewunderung füreinander am Leben gehaltene und von Ehrgeiz und Unterlegenheitsgefühl sabotierte, total schwierige, überkomplexe, dramatisch gescheiterte Männerfreundschaft damit zu erklären, dass der eine in den anderen verknallt war und mit ihm knutschen und ins Bett wollte: Das ist banal. Der Film tut so, als breche er endlich ein Tabu, als könnte es nicht anders sein. Dabei ist er vor allem phantasielos. Kann es nicht sein, dass Charles und Sebastian etwas verband, was sich nicht restlos erklären lässt? Weil es Regeln folgt, die sich die beiden selbst geschrieben haben?

Aber angenommen, dass es so gewesen wäre, dass also Sebastian schwul gewesen wäre und Charles nicht, hätte das zugleich das Ende der Freundschaft bedeuten müssen? Können ein heterosexueller und ein homosexueller Mann nicht doch auch innig und schwierig miteinander befreundet sein?

Ich würde darauf gern mit einer wahren Geschichte antworten, und sie führt von Oxford nach Cambridge, aus der Zwischenkriegszeit in die achtziger Jahre, zu Stephen Fry und Hugh Laurie, zwei besten Freunden, der eine schwul, der andere nicht. «Ich kann von äußerstem Glück sagen», schreibt Fry in seiner Autobiographie, «dass Hugh, so attraktiv, so erstaunlich talentiert, witzig und charmant und clever er ist, mich nie erotisch gereizt hat. Wie katastrophal, wie quälend peinlich wäre das gewesen, wie ruinös für mein Glück, sein Behagen und jedwede Zukunft, die wir als Comedy-Kollaborateure hätten haben können. Stattdessen entwickelten sich die spontane Achtung und Zuneigung füreinander zu einer tiefen, fruchtbaren und ungetrübten gegenseitigen Liebe, die in den vergangenen dreißig Jahren immer nur stärker geworden ist. Der beste und weiseste Mann, den ich je gekannt habe, wie Watson von Holmes schreibt. Ich werde hier aufhören, bevor mir die Tränen kommen und ich zu faseln anfange.»

Das bringt mich auf eine Idee. Kurze Suche im Internet, Stichworte *Holmes Watson gay*: 6900000 Treffer.

Aber ich sollte hier vielleicht auch besser aufhören, bevor der Eindruck entsteht, dass ich Männerfreundschaften ins Keusche umschreiben will, damit die ganze Angelegenheit familienfreundlicher wird, oder dass ich den Schmerz kleinrede, den es bedeuten kann, wenn eine Freundschaft zwischen zwei Männern sich in eine gescheiterte Liebe wandelt (auch darüber gibt es einen Roman, «Maurice» von E. M. Forster, eine fürchterliche viktorianische Tragödie, wo der eine will und der andere sich nicht traut; und einen Western, «Brokeback Mountain» von Ang Lee, wieder Männer in einem Zelt, aber diesmal sind die beiden wirklich ein Paar, aber eben immer nur in diesem Zelt in den Bergen). Darum geht es nicht. Es geht um die Versionen des Mannes und auch darum, dass ein Homosexueller wie Stephen Fry natürlich einen besten Freund haben kann, den er eben nicht küssen will. Ich winde mich etwas, das überhaupt hinzuschreiben, weil es so selbstverständlich wirkt. Aber das ist es, siehe oben, eben nicht. Fry selbst hatte ja sogar das Gefühl, es ansprechen zu müssen.

Ich habe einen schwulen Freund, der, als er noch jung war, bis zu seinem Coming-out tief unglücklich und erfolglos nach einem besten Freund suchte, bis er dann zu seinem Glück fand, was ihm wirklich fehlte. Und der heute in einer festen Partnerschaft lebt und seinen Lebensgefährten seinen besten Freund nennt, aber deshalb nicht aufgehört hat, nach Freunden zu suchen, sich Freunde zu wünschen. Und der mich warnte, als ich ihm erzählte, das ich über das kleine Wunder bester Freunde schreiben würde, bitte nicht den Fehler zu begehen, den Wunsch nach so einem besten Freund auf heterosexuelle Männer zu begrenzen und damit doch wieder eine Definition von Maskulinität zu liefern, die ausschließt, vorschreibt, banal ist: «Ich, dein schwuler Freund, teile mit dir, meinem heterosexuellen Freund, was du da siehst und fühlst», schrieb er mir. Auch ein schwuler Mann, meinte er damit, kann sich natürlich nach einem Freund sehnen, einem *bloodbrother against the wind.* «Der Augenblick, in dem die Leute glauben, dass Batman und Robin oder irgendein anderes Männerpaar ein heimliches Liebespaar sind, ist der Augenblick, in dem die Vorschriften der Maskulinität verdecken, um was es wirklich geht: nämlich um eine Männerfreundschaft.»

(*Batman Robin gay*: 6 320 000 Treffer.)

Die Vorschriften der Maskulinität. Ich weiß nicht, wer genau sie geschrieben hat und wie lange es dauert, sie umzuschreiben, aber ich hätte eine Idee, wie man sie vereinfachen könnte. Vorschrift Nummer eins: Es gibt gar keine Vorschriften. Egal, was sie dir einreden, egal, wie viele Zelte plattgemacht werden oder Professoren verlegen auf ihren Stühlen herumrutschen, wenn man sie nach ihren Freunden fragt, egal, was auch in diesem Buch steht: Es gibt keine. Es gab auch nichts mehr, was Charles noch für Sebastian tun konnte. Sagt Charles jedenfalls, als er seinen besten Freund in Marokko verlässt. Aber das ist nicht die ganze Wahrheit – denn es gibt da auch nichts mehr, was er für sich selbst tun kann. Das, was er vom Leben für sich erwartete, *a life less ordinary*, hat Charles verloren, als er Sebastian verlor. Er wird zwar ein erfolgreicher

Maler, ein Geschmacksmensch, er wird auch fast der Herr von Brideshead. Aber er hat Sebastian nicht mehr. Zurück bleiben: zwei halbe Menschen.

Fünftes Kapitel

ER IST WEG

Ich sitze an einem Esszimmertisch in Köln. Draußen, im Garten, liegt Schnee, und auf dem Tisch liegt ein Buch, «Von Person zu Person» heißt es und im Untertitel «Zur Moralität persönlicher Beziehungen», herausgegeben von Axel Honneth und Beate Rössler: ein Suhrkamp Taschenbuch Wissenschaft, was sonst. Kennst du das?, fragt mich Manfred, er ist extra aufgestanden und hat es aus dem Bücherregal gezogen. Ich blättere es durch, aber ziemlich unaufmerksam, muss ich zugeben, weil Manfred in der ersten Viertelstunde unseres Gesprächs über ihn und seinen Freund Michel zu viele Sachen gesagt hat, die mich in diesem Augenblick zweitausendmal mehr interessieren als eine weitere soziologische Untersuchung zum Thema. Das Buch ist sicherlich klug, aber ich sitze gerade vor einem Mann, der seit über fünfzig Jahren einen besten Freund hat, mit dem er im Gespräch ist, sich Briefe schreibt, von Anfang an, eine Zeitlang auch mal nicht und dann doch wieder und seitdem mit nicht nachlassender Intensität. Über fünfzig Jahre einer Männerfreundschaft – ich brauche jetzt keine Theorien, ich will mehr von Manfreds ganz persönlicher Moralität persönlicher Beziehungen wissen, nein, eigentlich will ich einfach nur seine Geschichten hören.

Ich hatte im Grunde noch nicht mal richtig gesessen

an diesem Kölner Esszimmertisch, da hatte Manfred schon von Liebe gesprochen, dann von Montaigne und dann von «Tschick». Von der «Tschicksituation», wie Manfred es nennt, dieser unheimlichen Begegnung der dritten Art, in einem Roman eine Szene beschrieben zu finden, die er mit seinem Freund selbst erlebt hat, als sie jung waren: ein Powerslide mit einem Auto, eine 180-Grad-Drehung auf der Straße, ein hochbegabter Fahrer namens Michel und sein hochbegeisterter Kopilot namens Manfred, eine Erinnerung für immer und ewig, «der Lada schmierte mit sechzig um die nächste Kurve, und meine Fäuste hämmerten auf das Armaturenbrett. ‹Gib Gas!›, rief ich. ‹Mach ich doch.› ‹Gib mehr Gas!›» Wie konnte Wolfgang Herrndorf das nur wissen? Er war ja auch schon dabei, als wir damals im Opel das Licht ausmachten, auf der Landstraße in der Nacht. Vielleicht hat Herrndorf aber auch nur sehr genau verstanden, warum das Auto so gut zum Transportmittel einer Erzählung taugt, zum Instrument der Erkenntnis: Es sperrt zwei Menschen auf engstem Raum miteinander ein. Tausche das komplette Programm von Suhrkamp Taschenbuch Wissenschaft gegen die Epistemologie dieses Romans.

Als du diese Sätze in «Tschick» gelesen hast, frage ich Manfred, hast du Michel da sofort angerufen? Habt ihr euch gemeinsam gewundert oder sogar irgendwie erkannt gefühlt? Nein, Manfred hat das Buch seinem Freund erst mal geschenkt, ohne viel zu sagen. Und dann, was passierte, als er es gelesen hatte? «Wir haben uns gegenseitig versichert, dass das so wahr ist wie nur was», antwortet Manfred. «Dass das so stimmt. Nur dass Michel und ich fünf Jahre älter waren, als es uns passierte.»

So wahr wie nur was.

«Die Gemeinsamkeiten drängten sich auf», sagt Manfred dann noch, «das Auto und diese Freiheit und diese Sehnsucht. Dass man aus der pubertierenden Unsicherheit, aus dem schüchternen Schulterhochziehen ausbrechen konnte, dass man im Auto sitzt und plötzlich machen konnte, was man wollte: Das ging so tief. Davon konnte man träumen. Das ging ins Unterbewusstsein.»

Und als ich Manfred etwas später an unserem verschneiten Nachmittag noch einmal frage, ob es also wirklich Liebe sei, was ihn und seinen Freund Michel seit so langer Zeit verbinde, antwortet er fast ungeduldig: «Das habe ich ja vorhin schon gesagt.» Es gäbe eben verschiedene Arten von Liebe und griechische Worte für jede davon gäbe es auch – «aber ich glaube schon, dass es in die Nähe davon kommt. Es gibt keinen anderen Mann, zu dem ich so eine Beziehung habe. Es ist ziemlich exklusiv.» Da wären zwar auch immer mal wieder Kollegen gewesen, Tennispartner, Skipartner, gute Bekannte eben, die vorbeikamen, wenn sie hier im Garten Geburtstage feierten – aber Michel sei immer der eine Freund geblieben, wie es keinen zweiten gab. «Bei Michel sage ich immer erst mal ja – und überlege dann, ob es richtig ist», sagt Manfred. «Es ist spontan. Ich bin immer auf seiner Seite, bin glücklich, bin zufrieden, freue mich, wenn es ihm gutgeht. Es gibt überhaupt keine Konkurrenz – es ist gibt nur Wohlwollen.» Und dann findet Manfred, der pensionierte Richter, aus dem Stand eine wunderbare Formel für das, was beste Freunde sind: «Die anderen, die hier im Garten waren», er zeigt nach draußen in den Schnee, «das ist werktags, und Michel ist sonntags.»

Das sei nun aber auch wieder Blödsinn, sagt Manfred dann gleich im nächsten Atemzug. Was typisch für ihn ist, weil er sich schon während unseres ganzen Gesprächs nur vorsichtig an so große Sätze und noch größere Worte herangetastet hat (mit Ausnahme des größten von allen, erstaunlicherweise, der Liebe). Er ist vorsichtig nicht deshalb, weil es ihm peinlich wäre, so offen über seinen Freund zu reden, sondern weil er anscheinend nicht möchte, dass man ihn für einen Angeber hält: für einen, der sich selbst dafür lobt, so eine tolle Freundschaft zu haben. (Und ein bisschen kokett ist er bestimmt auch.) Aber toll ist diese Freundschaft nun mal, und es würde sie ohne ihn ja nicht geben, und sie hält seit über fünfzig Jahren, seit einem dunklen Harburger Herbstabend mit Zigaretten, an dem beschlossen wurde, dass die beiden Jungs bis auf weiteres zusammenziehen. Michel holt Manfred im Mercedes seines Vaters ab, das ist der erste gemeinsame Automoment, an den Manfred sich erinnert, zwei Monate wohnen sie unter einem Dach. «Bei Michel kann ich sein, wie ich will», sagt Manfred, «ohne Verstellung, ohne Chichi, ohne Blendung, ohne Unwahrheiten oder Halbwahrheiten, da kann ich sein, wie ich bin.» An dem Abend damals, Mitte der fünfziger Jahre, hatte er sich erst noch verstellt und die Zigarette ausgeschlagen, die ihm Michel angeboten hat, weil der Lehrer dabeistand. Aber danach nicht mehr.

Manfred liest übrigens Montaigne. «Ist so eine Denkentfachung», sagt er. Und er kennt natürlich den berühmten Essay über die Freundschaft, Montaignes Geständnis seiner Liebe zum toten Freund Étienne de la Boëtie. Und Manfred sagt: Eigentlich hatte Montaigne es leichter, so offen und schwärmerisch zu reden, weil er seinem Freund ja nicht mehr unter die Augen treten musste. Ich bin kurz irritiert: Macht es nicht gerade die Größe und Freiheit einer Freundschaft aus, voreinander eben nicht zu verheimlichen, was man am anderen hat? Aber Manfred meint es ganz anders, er befürchtet wohl eher, seine Freundschaft mit Michel zu entzaubern, wenn er mit anderen über sie spricht. Er tut das zwar, auch wenn ich ihn dazu etwas überreden musste, er hat Skrupel. Was er erzählt, muss sich danach ja wieder in der Wirklichkeit bewähren. Und Manfred will offenbar nichts übertreiben, beschönigen, zerreden. Ich musste, als ich ihm zuhörte, wie er sich schwertat, die richtigen Worte zu finden, an Thomas Karlauf denken und an dessen Beobachtung, dass Geschichten über Männerfreundschaften vermutlich umso wahrhaftiger seien, je weniger reflektiert und ausgestaltet sie sind. Je weniger schön diese richtigen Worte klingen.

Aber das ist schwierig, wenn es um zwei Männer geht, die irgendwann vor einem halben Jahrhundert an Bord eines VW Standard in einer Kurve in Österreich einen Powerslide hingelegt haben – 23 PS, sagt Manfred, keine Anschnallgurte – und das fünfzig Jahre später in einem Buch nachlesen können und sich plötzlich in Romanfiguren verwandelt fühlen, plötzlich auch wieder in diesem Auto sitzen, «ready to grow young again», wie Bruce Springsteen singt. Wart ihr eigentlich Halbstarke, frage ich Manfred, habt ihr Rock 'n' Roll gehört? Es waren immerhin die späten fünfziger Jahre, Elvis kam kurz darauf in Bremerhaven an. Nein, antwortet Manfred, «wir haben eigentlich immer ernste Gespräche geführt». Es sei eine Zeit der Bewährung gewesen, für sie beide. Michel hatte gerade seine Lehre bei Mercedes begonnen, Manfred stand kurz vor dem Abitur, die Eltern waren ins Bergische Land gezogen, er sei zwar froh gewesen, allein zu sein, was aber nicht bedeutete, dass er sich nicht manchmal verlassen gefühlt und gezweifelt hätte, ob es gutgehen würde. «Das war zweischneidig», sagt Manfred, «einerseits war man vollkommen weich und gefährdet, andererseits dachte man, man könnte jetzt Bäume ausreißen.» Und da ist es wieder, das gemischte, ozeanische Gefühl, Angst, Vorfreude, Glück, Kapitulation, Panik und Gleichmut und Zuversicht, zwei Jungs auf einem Floß, und sie singen: «Es muss doch irgendwo 'ne Gegend geben, für so 'n richtig verschärftes Leben, und da will ich jetzt hin.»

Aber sie haben ja gar keinen Rock 'n' Roll gehört, Entschuldigung, sie haben ernste Gespräche geführt. «Und wir haben uns lustig gemacht», sagt Manfred, «wir haben über dumme Leute geredet, wir hatten immer das Gefühl, vielleicht nicht gerade Elite zu sein – aber eben auch nicht so wie die anderen. So war es eigentlich: gegen die anderen.»

Contra mundum.

Manfred und Michel haben eine Zeit aber auch mal nicht mehr miteinander geredet. Das ist der kurze Riss in dieser langen Dauer, ein paar Jahre Pause, als sie beide um die vierzig sind. Es war irgendwas mit einer geplatzten Verabredung in Köln, im Sommer 1978, und mit einem gebrauchten Auto, dass Michel seinem Freund verkaufte und das nach einem Jahr den Geist aufgab – und es wirkt schon wieder fast wie erfunden, wie ausgemalt, wie aus einem Buch oder einem Film, leitmotivisch: dass ausgerechnet ein Auto die beiden auseinandergebracht haben soll, wo sie doch das, was das Leben ihnen bieten könnte, zum ersten Mal so richtig in einem Auto gespürt haben, der eine am Steuer, der andere daneben. Ich habe noch heute den Geruch von diesem Mercedes in der Nase, wenn ich will, sagt Manfred.

Und er beteuert zwar, dass es Missverständnisse gewesen seien, die zu diesem Bruch führten, eingebildete Kränkungen, «es lag mir absolut fern zu glauben, dass Michel mir das Auto verkauft haben könnte, um es loszuwerden», sagt Manfred, aber wie das so ist mit

Missverständnissen und Einbildungen und Kränkungen: Je länger man sie nicht aus der Welt schafft, desto größer werden sie.

Bitternis und Enttäuschung, das sind «die Jahre der Funkstille», wie Michel sie nennt, die Jahre der «mühsam unter der Decke gehaltenen Trauer, einen Freund, den Freund verloren zu haben – für immer?» An dieser Stelle lege ich für die Stimmung einmal nicht Springsteen auf, sondern die ebenso große und weise Joni Mitchell: *You don't know what you've got till it's gone.* Anders und leichter geht es offenbar nicht – man weiß erst, wie gut man es hatte, wenn es vorbei ist.

Ein Riss, und plötzlich sind da zwei halbe Menschen.

Wie Charles und Sebastian in «Wiedersehen mit Brideshead». Wie Schiller und Goethe, um die zwei größten Freunde der Weltliteratur endlich auch mal zu nennen: «Ich verliere nun einen Freund», hat Goethe geschrieben, als Schiller 1803 stirbt, «und in demselben die Hälfte meines Daseins.» Wie Walter und Richard in «Freiheit». Wie Toni und Christopher in «Metroland» von Julian Barnes, dem Roman über zwei Schulfreunde aus der Londoner Vorstadtödnis, die in gemeinsamer Verachtung für die prüden, karrieregeilen Spießer um sie herum aufwachsen, «épater la Bourgeoisie!» ist ihr Slogan, schockt die Bourgeoisie! Aber dann geht es besonders schlimm aus, weil nichts den Riss zwischen den beiden mehr kitten wird, weil die beiden Hälften, je älter sie werden, einfach nicht mehr zusammenpassen, vielleicht weil die Verachtung für die dummen Leute, über die sich ja auch Michel und Manfred lustig gemacht haben, etwas zu groß war und man hinter manche Ansprüche irgendwann nicht mehr zurückkann. Toni verhöhnt Christophers Leben als Familienvater und hält ihn für einen kompromisslerischen Verräter, Christopher ist überzeugt, ihre gemeinsamen Ideale nur auf ein menschlicheres Maß gebracht zu haben, man kann doch kein Spießer sein, wenn man herzensklug geblieben ist! Christopher ist außerdem sauer, weil er ja selbst manchmal zwischen seinen Gemüsebeeten steht und sich fragt, ob es das also jetzt gewesen sein soll für den Rest des Lebens. Aber dann denkt er: «Was soll man andere Leute sich einmischen lassen in seine Selbstvorwürfe? Dazu braucht man Freunde nicht.»

Doch, eigentlich schon, eigentlich genau dafür. (Fünfzehn Jahre nach dem Erscheinen von «Metroland» bricht Julian Barnes übrigens mit seinem Freund Martin Amis, weil der sich als Schriftsteller nicht mehr von Julians Frau, der Literaturagentin Pat Kavanagh, vertreten lassen will. Die beiden Autoren gehörten zu einem sehr engen Kreis von Männerfreunden, Ian McEwan zählt auch dazu, der verstorbene Christopher Hitchens, Salman Rushdie, lauter Intelligenzbestien, die, so bekommt man den Eindruck, wenn man in Hitchens' Memoiren liest, vor allem von dem Gefühl zusammengehalten wurden, mindestens zwei- bis dreimal klüger und witziger als das Establishment zu sein. Bis sie selbst zum Establishment wurden. Dann überwirft sich Barnes mit Amis, und seitdem sind sie ein Beispiel dafür, wie es ist, wenn zwei Männer, die wie wenige andere mit Worten umgehen können, sich anschweigen und aus dem Weg gehen. Nach dem Tod von Julians Frau und von Christopher Hitchens sollen sie sich angeblich wieder etwas angenähert haben.)

Christopher und Toni finden aber nicht mehr zusammen. Genau wie Sebastian und Charles, der lebenslang den Tagen in Brideshead nachtrauert, den türkischen Zigaretten, dem Rotwein und den Erdbeeren. Ein einsamer Mann, der irgendwann eine Frau heiratete, die er nicht liebte, weil er Sebastian vermisste, den er immer noch liebte. Und der sich dann von dieser Frau scheiden ließ, um Sebastians Schwester zu heiraten. Mit Julia wäre ihm dann auch fast der Landsitz Brideshead in die Hände gefallen – wo aber in jedem Stein eine Erinnerung an Sebastian steckt. «Er war der Vorbote», sagt Charles. Aber nichts tritt ein wie erhofft, kein Traum wird wahr, Charles heiratet Julia nicht, bekommt auch Brideshead nicht, bleibt am Ende allein. Und Sebastian trinkt sich in einem Kloster irgendwo bei Tunis zu Tode.

Es gibt wahrscheinlich genauso viele Geschichten über den fehlenden Freund, den verlorenen Freund, wie es Geschichten über beste Freunde gibt. Mehr noch, meistens sind diese Geschichten über beste Freunde nur die Hälfte wert ohne diesen Riss, die Jahre der Funkstille, der Bitternis und Trauer – und ohne die Versöhnung: Walter Berglund und Richard Katz zum Beispiel können ihre Freundschaft noch einmal retten. Ihr Zerwürfnis ist mindestens genauso elementar für Jonathan Franzens Roman «Freiheit» wie das von Walter und Patty, den beiden Hauptfiguren, die sich am Ende auch wieder kriegen. Eines Tages schickt Richard seinem verlorenen besten Freund eine CD mit Liedern, die er für ihn geschrieben hat. Walter öffnet die Post erst nicht, tut es dann endlich doch, hält die CD in den zitternden Händen, «Songs for Walter» steht drauf: Sechs Jahre haben die beiden nichts mehr voneinander gehört, und jetzt das. «Mann, was bist du für ein Arschloch», sagt Walter, «lächelnd und weinend», und dann noch mal: «Das ist so unfair, du Arschloch.» Und man möchte am liebsten auch zu Jonathan Franzen sagen, dass es unfair ist, wie präzise er hier den Nerv trifft, ins Herz seiner Leser trifft, die genauso blöde glücklich dasitzen wie Walter, erleichtert, geläutert, verheult.

Zwischen Michel und Manfred endet die Funkstille weniger sentimental, eher pragmatisch, auch wenn das sicher nicht weniger Kraft gekostet hat. «Also komm, los», hat Manfred irgendwann gedacht – und ist mit seiner Familie auf dem Rückweg von einem Dänemark-Urlaub bei Michel in Harburg vorbeigefahren. Auch bei diesen beiden verlorenen Freunden sind sechs Jahren vergangen. Jetzt steht Manfred bei Michel vor der Tür. Und der, erinnert sich Manfreds Frau Hedda, sei so aufgeregt und überwältigt gewesen, dass er seinen Besuch erst mal gar nicht hereingebeten habe.

Wie ging es dir, als ihr beide nicht mehr miteinander geredet habt?, frage ich Manfred. «Es war natürlich nicht so schmerzhaft, wie wenn ich nicht mehr verheiratet gewesen wäre oder meine Kinder verloren hätte», antwortet er. «Aber irgendwann habe ich diesen Zustand als unnatürlich empfunden.» (Michel erzählt, er habe sich immer wieder überlegt, nach Köln zu fahren, «an Mut», sagt er, «hätte es mir nicht gefehlt», aber er sei zu eingespannt gewesen, die Arbeit, die Familie. Ersatz für Manfred habe er sich allerdings auch nicht gesucht. Und je eingespannter er im Job war, desto mehr fehlte sein Freund ihm.)

Und dann ist Manfred in Harburg vorbeigefahren. Es war genau dieser Moment in der Geschichte von Michel und Manfred, der mich elektrisierte, als ich bei Manfreds siebzigstem Geburtstag zum ersten Mal davon hörte, als Michel in seiner Rede davon sprach: «Ich danke dir, dass du damals diesen Schritt getan hast», sagte Michel. Ich weiß nicht mehr, wem zuerst die Tränen kamen, ich war zu abgelenkt, weil es mir mit Manfreds Sohn genauso gegangen war, aufgetürmte Missverständnisse und Kränkungen, dann Kapitulation und Schweigen und Liebesentzug, und wie der Vater, so hat auch sein Sohn die Funkstille beendet: Da dachte ich das erste Mal darüber danach, ob die Geschichte meiner eigenen Freundschaft vielleicht schon viel älter sein könnte, schon viel länger dauert als die paar Jahre.

Hast du mit deinem Sohn über deinen besten Freund geredet?, frage ich Manfred an unserem verschneiten Nachmittag in Köln, darüber, was die

Freundschaft aus dir gemacht hat, mit dir macht, auf was es ankommt, Tapferkeit zum Beispiel, wolltest du ihm das vielleicht vorleben? Nein, er könne sich nicht erinnern, je mit seinem Sohn darüber geredet zu haben. Aber dafür hat der Vater dem Sohn das Lesen mit einem Kinderbuch von zwei besten Freunden beigebracht, die sich verfeinden und dann glücklich wiedervereinen – «Hans und Heinz», gezeichnet von Maurice Sendak, die deutschen Verse hat Hans Manz geschrieben. Die beiden Jungs sind erst die besten Freunde, aber dann fällt Heinz auf, dass Hans sich immer von ihm im Bollerwagen ziehen lässt, immer die Fahne trägt, ihm die Zeichenstifte aus der Hand reißt, ihn mit Sand bewirft: «Zu meinem Geburtstagsfest, ja da kam er! / Und die Ballone und Mützen, die nahm er! / Was ich hatte, das teilte ich, / weil er mein Freund war, brüderlich. / Ich zeigte ihm, wo die Frösche schwammen, / wir hatten sogar die Masern zusammen.» Aber damit ist jetzt Schluss, es reicht Heinz nämlich jetzt, er lässt es sich nicht mehr gefallen, immer nur Zweiter zu sein, wenn die beiden zu zweit sind: «Halt, ich glaube, ich laufe jetzt lieber / gerade zu ihm persönlich hinüber / und sage ihm, dass er von heute an / nie und nimmer mein Freund sein kann», und das sagt er ihm dann auch so, und Hans hat nichts dagegen: «Leb wohl, wir sehen uns niemals mehr!» – «Auf Nimmerwiedersehen, bitte sehr!» Aber dann hört es auf zu regnen, und die Sonne kommt raus, und wo sie schon mal so zu zusammenstehen, da könnten sie doch eigentlich ein bisschen Rollschuh fahren, und Hans bietet Heinz seine Brezel an, und der nimmt die eine Hälfte, Hans behält die andere, und dann fahren sie auf einem Paar Rollschuh, der eine mit dem linken Fuß, der andere mit dem rechten, Hand in Hand davon.

«Die Forschung zeigt», sagt Michael Kimmel, «dass Männer Probleme in ihren Freundschaften eher verzeihen als Frauen. Wir vergessen und vergeben schneller.» Sechs Jahre Schweigen und Schmollen wie bei Michel und Manfred ist zwar nicht gerade eine kurze Pause – aber vielleicht gehört zu einer Freundschaft am Ende eben nicht nur der gemeinsame Kampf, wie Hannelore Schlaffer meint, oder das gemeinsame Dooffinden anderer Leute, die gemeinsamen Songs, die gemeinsame Geschichte, die man sich erzählt und die immer größer wird, je länger sie dauert, sondern schlicht und einfach auch: Großzügigkeit.

Die Geschichte von Walter und Richard, die Jonathan Franzen erzählt, ist schnell als Hommage an seine Freundschaft zu David Foster Wallace gedeutet worden. Das lag nahe: Richard trägt ein Stirnband wie Wallace, er kaut Tabak wie Wallace – und selbst wenn es schlechte Literaturkritik ist, Bücher so erbsenzählerisch zu lesen, habe ich Jonathan Franzen gefragt, ob er in «Freiheit» nicht auch den Verlust seines Freundes zu sublimieren versuchte. Ich hätte gut verstanden, dass er hier eine Geschichte von zwei besten Freunden erzählen wollte, die gut ausgeht, die nicht mit einem Mann endet, der im Herbst 2008 am Grab seines toten Freundes stehen muss. Der dort, in seiner Trauerrede, davon erzählt, wie schwer es seinem manisch-depressiven Freund gefallen sei, Intimität zuzulassen, aus Furcht, die Kontrolle zu verlieren. Und wie dieser Freund dann doch irgendwann bei ihren Telefonaten begonnen habe, ihm zu sagen, dass er ihn liebte.

Hat Franzen diese schreckliche Erfahrung in einen Roman gesteckt? «Freiheit» ist immerhin genau zwei Jahre nach der Beerdigung erschienen. Man dürfe erstens nicht vergessen, antwortet Franzen, dass Wallace nicht sein einziger Freund gewesen sei. «Und zweitens bin ich nicht Walter Berglund, und David Wallace ist noch viel weniger Richard Katz. Es gibt ein paar oberflächliche Übereinstimmungen, aber wenn Sie alle meine Freunde kennen würden und wenn Sie mich besser kennen würden, dann würden Sie sehen, dass ich hier nicht die Geschichte von Dave und mir zu einem Happy End umgeschrieben habe.»

Wie war es dann? «Ich hätte das Buch gar nicht schreiben können, wenn es der Bericht unserer Freundschaft gewesen wäre», sagt Franzen. «Vielleicht weil ich nicht so arbeite. Aber auch weil ich Richard Katz zu *mir* machen musste, um über ihn schreiben zu können, und Walter im Gegenzug nicht zu mir – und das kann man nicht, wenn man Leben und Literatur im Verhältnis eins zu eins behandelt. Es muss schon komplizierter werden als das. Meine ehrliche Antwort als Schriftsteller wäre wohl, dass ich Walter bin und Richard ebenso und dass ich das Buch in einer Zeit meines Leben geschrieben habe, als es nicht desaströs war. Und weil die Figuren auf meinen Erfahrungen basierten, gingen die Dinge auch bei ihnen gut aus. Wenn ich mich dazu entscheide, Freundschaft in den Vordergrund eines Romans zu stellen, beginne ich natürlich über meine eigenen Freundschaften nachzudenken, und die fließen in das Buch ein. Aber wenn ich mich dann ans Schreiben mache, gibt es nur noch mich. Andererseits muss ich sagen: Wenn es dann darum geht, das Buch endlich fertig zu schreiben, wenn ich überlege, was mich am Schreibtisch angestachelt hat: Das hatte schon etwas damit zu tun, wie wütend ich auf Dave war, weil er sich umgebracht hatte. Aber auch das war nicht der einzige Grund.»

Der Sommer des Jahres 2008, an dessen Ende, im September, sich der Schriftsteller David Foster Wallace das Leben nimmt, muss fürchterlich gewesen sein. Wallace ging es schon seit einiger Zeit nicht gut, er hatte seine Psychopharmaka abgesetzt und sie dann wieder genommen, er hatte abgenommen, einmal hatte er in einem Motel eingecheckt und versucht, sich mit Tabletten das Leben zu nehmen (ein weiterer Versuch war geplant). Er hatte eine Elektrokrampftherapie begonnen, er konnte kaum mehr lesen, seine Frau Karen ließ ihn nicht mehr allein und kümmerte sich, dass immer jemand bei ihm war, er tat eigentlich nichts anderes mehr als fernsehen, er hatte Angst. Erzähl mir eine Geschichte, habe Wallace irgendwann im August am Telefon zu Jonathan Franzen gesagt, darüber, wie die Dinge besser werden. Und Franzen, so sagte er es in seiner Trauerrede, habe Wallace erzählt, dass er doch nach seiner letzten Krise ein Buch geschrieben hätte, das denen davor Lichtjahre voraus gewesen sei. Dass man sich manchmal eben an den Rand der Selbstzerstörung bringen müsse, an die Quelle des Unglücks, um sich zu ändern. Und dass seine besten Bücher noch vor ihm lägen. «Die Geschichte gefällt mir», habe Wallace geantwortet. «Könntest du mir einen Gefallen tun und mich alle vier, fünf Tage anrufen und mir noch so eine Geschichte erzählen?» Beim nächsten Mal habe Wallace ihm schon nicht mehr richtig zugehört. Und danach sei er nicht mehr ans Telefon gegangen.

Wir erzählen uns Geschichten, um zu leben, sagt Joan Didion.

In meinem Notizbuch steht seit Ewigkeiten ein Gedicht, ich habe es in einem Roman von John Irving gefunden, es heißt «On the Death of Friends in Childhood» und ist von Donald Justice. Seine Werke sind nicht ins Deutsche übersetzt worden, aber ich glaube, man versteht die sechs Zeilen auch so:

We shall not ever meet them bearded in heaven,
Nor sunning themselves among the bald of hell;
If anywhere, in the deserted schoolyard at twilight,
Forming a ring, perhaps, or joining hands
In games whose very names we have forgotten.
Come, memory, let us seek them there in the shadows.

Donald Justice hat das Gedicht 1960 veröffentlicht. Im gleichen Jahr, in dem die vier Freunde in Stephen Kings Erzählung «The Body» losziehen, um einen toten Jungen an den Bahngleisen von Maine zu finden – was wiederum ja nur die Erinnerung eines Schriftstellers ist, der fünfundzwanzig Jahre später in der Zeitung liest, dass der beste Freund, den er mit zwölf Jahren hatte, den er überhaupt jemals hatte, gestorben sei. Und der sich dann an den Computer setzt, um von seiner Freundschaft zu erzählen, um sich zu trösten. Im Kino spielt die Geschichte der Jungs in Oregon im Jahr 1959, man muss das allerdings nicht so genau nehmen, denn wie sagt Gordon Lachance, der Schriftsteller, in den ersten Minuten des Films: «Es ist lange her, aber nur, wenn man es in Jahren rechnet.»

Ich weiß nicht viel über Donald Justice, außer dass man schon an diesen sechs Zeilen sehen kann, was für ein großartiger Dichter er war – ich kenne niemanden, der nicht stockt und einmal tief durchatmet, wenn er «On the Death of Friends in Childhood» liest. John Irving war einer seiner Schüler, und so kam das Gedicht wohl in «The Hotel New Hampshire» hinein. Im August 2004 ist Justice gestorben, mit achtundsiebzig Jahren. In einem Nachruf habe ich gelesen, dass seine Kindheit unglücklich gewesen sein soll, Justice hatte keine Geschwister und durfte nicht vor die Tür, weil er an einer Knochenkrankheit litt, er war einsam – es könnte also sein, dass er die Namen der Spiele gar nicht vergessen hat, wie es im Gedicht heißt, sondern dass er sie nicht einmal kannte. Weil er sie nie spielte.

Ein Mann, der keine Freunde hatte, als er klein war, schreibt ein Gedicht über verlorene Freunde der Kindheit – geht es noch desolater? Mir ist schon klar, dass ich hier wahrscheinlich schon wieder Literatur und Leben zu stark in ein Verhältnis setze (oder zu romantisch sehe), aber ich glaube, man spürt, auch ohne mehr über das Leben von Donald Justice zu wissen, dass der Verlust, den er da in fünfzig Worte fasst, zugleich ein Lebenserfahrungsverlust ist. Der Verlust der verlassenen Schulhöfe, des großen Augenblicks, der nur einmal kommt – und dass die Freunde, deren Tod er beklagt, die er im Schatten sucht, selbst nie mehr als Schatten waren. Er spricht zwar von ihnen, aber er nennt sie nicht beim Namen, er nennt sie *them*, und nur der Titel verrät, um was es ihm geht, was fehlt. Justice betrauert Freunde, die er gar nicht hatte. Er hat die Namen von Spielen vergessen, die er nie spielte. Und trotzdem tut es weh.

Nein, gerade deswegen tut es weh und umso mehr. Ein Phantomschmerz. All die vertanen Chancen. Das ungelebte Leben. Man könnte, wenn man dieses wunderbare, wunderbare Gedicht damit nicht entzaubern würde, eher von einem laborartigen Versuch über die Trauer sprechen als von einem Trauergesang. Ein Gedicht als Versuch über den Moment, die Stelle, wo wir am verwundbarsten sind, unverfehlbar verwundbar. Donald Justice braucht nur sechs Zeilen, um zu zeigen, was uns am meisten verletzen kann: nämlich das, was unwiederbringlich vorüber ist.

Eigentlich hat jeder die Freunde seiner Kindheit verloren – und zwar mit dem Augenblick, indem sie vorbei war, als man erwachsen wurde. Und diese Freundschaften werden immer größer, je weiter sie weg sind. Es ist wie bei dem Scheinriesen von Michael Ende, dem Jim Knopf und Lukas in der Wüste begegnen und der immer kleiner wird, je näher er den beiden kommt, bis er schließlich vor ihnen steht und sie merken, dass er gar nicht größer ist als sie. Dieses Scheinriesentum spricht aber nicht gegen die Intensität von Freundschaften, es spricht nur gegen die Verlässlichkeit unserer Wahrnehmung: Sie wird mit den Jahren unweigerlich milder – man könnte das die Unschärferelation der Erinnerung nennen. Weniger mild betrachtet: Es mag ja sein, dass man nie wieder so gute Freunde hat wie mit zwölf. Aber man ist eben auch nie wieder zwölf und spielt nicht mehr auf Schulhöfen. Das Pathos im Gedicht von Donald Justice, das so gut wie jeden überwältigt, der es liest, speist sich wohl auch aus der Angst vor der eigenen Vergänglichkeit. Aber das Paradoxe ist, glaube ich jedenfalls, dass man gerade dank der Freunde, mit denen man älter wird, diese unvermeidliche, verdammte Vergänglichkeit ein kleines bisschen austricksen kann. Wenn ich ihn ansehe, sehe ich den Jungen, der er mit zwölf war, sagt Michael Kimmel über seinen besten Freund Mitchell. Und genauso hat Elke Heidenreich über ihren Jugendfreund geredet. Freundschaft: Das ist auch ein Mittel gegen Todesangst.

Montaignes bester Freund Étienne de la Boëtie ist mit dreiunddreißig Jahren gestorben, an der Ruhr, im August 1563. «Ich wüsste niemand, den ich ihm, vorzüglich was Naturgaben betrifft, an die Seite stellen könnte», hat Montaigne knapp zwanzig Jahre später über ihn geschrieben. Die beiden Freunde hatten nicht viel Zeit miteinander: vier gemeinsame Jahre in Bordeaux, mehr wurden es nicht. Und doch spricht Montaigne von einer Freundschaft, «die so innig, so vollkommen war, dass man gewiss von viel dergleichen nicht lesen wird; und unter den Menschen heutigen Tages findet sich davon gar keine Spur mehr. Um eine solche Freundschaft zu stiften, werden so viele Zufälligkeiten erfordert, dass es schon viel ist, wenn das Glück solche nur alle dreihundert Jahre einmal zusammentreffen lässt.»

Ich werde nie wieder einen so guten Freund haben wie mit dreißig, sagt Montaigne. Und mehr noch, die ganze Menschheit wird überhaupt nur alle dreihundert Jahre so eine Freundschaft erleben wie die zwischen ihm und mir. Dreißig zu sein ist im 16. Jahrhundert natürlich etwas ganz anderes als heute, die Hälfte des Lebens war das damals, wenn es gutging, nicht selten war es mit dreißig schon fast vorbei. «Da es nur so kurz von Dauer sein sollte», schreibt Montaigne, «und so spät begonnen hatte (denn wir waren beide schon Männer an Alter und er schon einige

Jahre weiter), so hatte es keine Zeit zu verlieren und durfte sich nicht nach dem Muster der schlaffen und regelgerechten Freundschaften richten, wobei so viel Behutsamkeit und so lange vorausgehende Bekanntschaft erfordert wird» – und so geht es immer weiter und wird immer größer: Das Sonderbewusstsein der Männerfreundschaft, von dem Hannelore Schlaffer spricht – hier ist es in Reinform zu studieren. «Diese Vereinigung», schreibt Montaigne, «ward durch eine unbegreifliche, unwiderstehliche Macht vermittelt», was da aber genau geschehen sein soll, das gehe über seinen Verstand, meint er, wobei ihm schon klar war, dass es keinen schärferen Verstand im Frankreich des 16. Jahrhunderts gegeben haben dürfte als den seinen. «Seit dem Tage, da ich ihn verlor», beschließt Montaigne seine Hymne auf den Freund, «schleiche ich hinwelkend umher, und die Freuden selbst, die sich mir darbieten, anstatt mich aufzuheitern, verdoppeln meinen Schmerz über seinen Verlust.»

Es kann nur einen geben, sagt Montaigne also wieder und wieder. Es kann nur einen geben, und seit der weg ist, bin ich nur noch die Hälfte. «Ich war dergestalt daran gewöhnt, überall selbander zu sein», also zu zweit, «dass mir deucht, ich sei nur noch halb.»

Und mir deucht, dass es am Ende vielleicht gar nicht leichter sein könnte, über einen Freund zu reden, wenn er nicht mehr da ist. Oder ehrlicher, «ungeschminkter», um ein Wort von Michel aufzugreifen. Es könnte auch sein, dass man automatisch nur noch in höchsten Tönen redet, um sich das Unglück zu erklären. Aber was weiß ich schon von Montaigne und seiner Welt, und was weiß ich schon von dem Unglück, seinen besten Freund nach vier Jahren begraben zu müssen. Je länger ich in dem Essay lese, desto besser verstehe ich das Zaudern und Zögern, diese Skrupel, die der Montaigne-Leser Manfred hatte, über Michel zu reden. Es ist am Ende doch leichter, mit Menschen umzugehen als mit Phänomenen, die nur alle dreihundert Jahre auftreten, wie Kometen.

Der Verlust, die Einsamkeit, das Loch, das ins Leben gerissen wird, wenn der Freund weg ist, mit dem es losgehen sollte: All das verheilt jedenfalls nur schwer. Die Enttäuschung über den Bruch, wenn man sich doch so viel vorgenommen hatte und es dann plötzlich nicht weitergeht. Die Wut, wenn der Plan nicht aufgeht, wenn dieser eigensinnige Versuch scheitert, aus dem Nichts etwas zu machen, das ewig hält. Festzustellen, dass es vielleicht am Ende sogar viel kleiner gewesen ist, was man da hatte, viel kleiner, als man glaubte. Die Hilflosigkeit. Und die Scham, plötzlich sind die eben noch geteilten Geheimnisse peinlich. Das Gefühl, nicht zu wissen, wo man wieder ansetzen soll. Die Kapitulation. Ich kenne Männer, die sich ihr Leben lang nicht von so einem Schock erholt haben, und der andere Mann, der verlorene Freund, lebt noch, und sie könnten sich sogar anrufen, aber es geht einfach nicht. Schweigen ist in diesem Fall eine mindestens genauso große Affekthandlung wie das montaignemäßige Besingen von Kometen. Nein, Schweigen ist für Freunde, die so viel miteinander geredet haben, die schlimmste Strafe überhaupt. Auch eine Strafe gegen sich selbst.

Es ist sicher einfacher, damit klarzukommen, wenn man den Frust kanalisieren, wenn man die Autoaggression verwandeln kann. Jonathan Franzen verwehrt sich zwar gegen die Vermutung, er habe die Geschichte seiner Freundschaft mit David Foster Wallace in einen Roman verfrachtet. Dafür hat er einen langen Text über seinen Freund geschrieben, drei Jahre nach dessen Tod. Darüber, wie er allein auf eine entlegene pazifische Insel vor der Küste Chiles fährt, um Vögel zu beobachten und «Robinson Crusoe» zu lesen (das ist der Mann, dessen bester Freund ein Freitag und kein Sonntag war). Und wie er dort ein wenig Asche von David Foster Wallace verstreut. Davids Witwe, Karen Green, hatte sie ihm mitgegeben.

Más Afuera heißt die Insel, genau wie der Text: «Farther away», weiter weg. Und wenn man ihn liest, wird man nie wieder glauben, dass es auch nur ein bisschen leichter sein könnte, über tote Freunde zu sprechen. Im Gegenteil, man spürt geradezu körperlich, wie Franzen sich winden musste, um Sätze zu schreiben, die nicht korrumpiert sind von Trauer: «Die Geschichte unserer Freundschaft war ganz einfach, dass ich einen Menschen liebte, der gemütskrank war. Dieser depressive Mensch brachte sich dann um und rechnete wohl damit, dass er denen, die ihn am meisten liebten, den allergrößten Schmerz zufügen würde.

Und wir, die wir ihn liebten, blieben zurück, wütend und mit dem Gefühl, betrogen worden zu sein. Betrogen nicht so sehr um die vergebliche Liebe für ihn, sondern weil sein Suizid ihn uns genommen hatte und zu einer öffentlichen Legende machte.» Als David Foster Wallace starb – seine Bücher gehören wirklich zum Anstrengendsten, was man an amerikanischer Literatur lesen kann, seitenlange Sätze, Hochleistungsprosa –, umarmte ihn plötzlich die ganze Welt. Plötzlich wurde er Bestsellerautor. Und nicht nur das: Menschen, die ihn gar nicht kannten, schreibt Franzen, hätten Wallace zu einer Art Heiligen erkoren. Der Literaturbetrieb, der Wallace nie richtig zum Establishment gezählt habe, feierte ihn jetzt als ein verlorenes Genie. Und das sei er ja auch gewesen, ein «Schatz» der amerikanischen Literatur, sagt Franzen, aber trotzdem sei der real existierende David Foster Wallace eben ein viel komplexerer, dubioserer Charakter gewesen, als das Heiligenbild suggeriert, das nach seinem Tod populär wurde. Das ist wahrscheinlich normal bei Prominenten, aber Franzen fühlt sich ausgespielt von Wallace: «Es fällt schwer, sich nicht verletzt zu fühlen von dem Teil in ihm, der sich lieber für die Anbetung durch Fremde entschieden hatte als für die Liebe der Menschen, die ihm am nächsten waren.»

Es ist schmerzhafte Lektüre. Franzen versucht, seinem toten Freund gerecht zu werden, ohne ihn zu überhöhen, wie Montaigne das tat. Er ringt damit, sich von seinem Schmerz nicht täuschen zu lassen, er ist sogar das Risiko eingegangen, über den Freitod seines Freundes als *career move* zu schreiben, es sei also Kalkül und Selbstsucht gewesen – etwas, das Wallace vermutlich sogar eingestanden hätte, er hätte verlegen und ertappt gelacht, wenn man ihm mit diesem Verdacht gekommen wäre, behauptet Franzen. Er nennt seinen Freund die Insel, die am weitesten weg lag: Más Afuera. Aber bei Franzen wird diese Insel durch die Entfernung nicht scheinriesenmäßig immer größer. Er ringt hier um einen Wallace, der so groß ist, wie er in Wirklichkeit war, so lustig, so kindisch, so verloren, so blöd, so versessen auf Perfektion, dass er am Ende jede Hoffnung auf das Bücherschreiben verlor, weil er glaubte, es einfach nicht mehr hinzubekommen.

Das ist das Bild, das Jonathan Franzen von seinem verlorenen Freund zeichnet. Und er bricht den Aufenthalt auf Más Afuera am Ende ab, ohne alle Vögel gesehen zu haben, die er sehen wollte, und obwohl er weiß, dass er bestimmt nie wieder auf die Insel zurückkehren wird. Was aber vollkommen okay so sei, manches müsse eben unvollständig bleiben, begrenzt, unperfekt, manche Vögel blieben eben ungezählt, ein erstaunlicher Satz für einen Vogelfreak wie ihn. «Die Fähigkeit, das zu akzeptieren, war das Geschenk, das ich bekommen hatte und das mein geliebter Freund nicht bekam.»

Man hat Jonathan Franzen diesen Text übelgenommen. Man hat hineingelesen, dass hier jemand in kalter Eitelkeit die Kontrolle über das Bild seines Freundes zurückgewinnen wolle und dass hier wohl der Konkurrent spricht, nicht der Freund, mehr noch: dass hier Eifersucht spricht. Aber Franzen sind all diese Affekte nur zu bewusst, er räumt sie selbst ein, er erzählt ja sogar von dem brüderlichen Wettbewerb zwischen den beiden Schriftstellern. In unserem Gespräch ging er sogar noch weiter, da hat er gesagt, dass es von Anfang an geradezu die Grundlage ihrer Freundschaft gewesen sei, dass der eine Stärken hatte, bei denen der andere nicht mithalten konnte. Aber was man diesem Text über seinen toten Freund am allerstärksten anmerkt, ist, dass Jonathan Franzen ihn am liebsten überhaupt nicht geschrieben hätte.

Nur, warum hat er es dann getan? Franzen gibt eine Antwort darauf, er beginnt das Stück nämlich mit der Erinnerung an einen Sommer, als er sechzehn war und in ein Zeltlager nach Idaho fuhr, wo die Teilnehmer am zweiten Tag vierundzwanzig Stunden lang ganz allein im Wald verbringen sollten, weit, weiter weg von den anderen. Der junge Jonathan hält diese Isolation nur aus, indem er zu schreiben beginnt: ein Tagebuch. Als er am nächsten Tag wieder zurück im Camp ist, schreibt er weiter, schreibt Brief um Brief nach Hause, um sein Heimweh zu überwinden. Literatur, so habe David Foster Wallace es ihm später immer wieder erklärt, wenn sie über ihren Beruf sprachen, sei der beste Ausweg aus unserer existenziellen Einsamkeit. Man kann es auch mit Joan Didion sagen: Wir erzählen uns Geschichten, um zu leben. Aber für solche Geschichten, erklärte Jonathan Franzen am Grab seines Freundes, sei David Foster Wallace zum Schluss nicht mehr erreichbar gewesen. *He'd gone down into the well of infinite sadness, beyond the reach of story, and he didn't make it out.*

Und das sind nur die Dinge, die Jonathan Franzen öffentlich über seinen verlorenen Freund sagt.

Um etwas auszukühlen, beschäftige ich mich zur Abwechslung mal wieder ein bisschen mit der Forschung. Und finde heraus: Nicht jeden Mann haut der Verlust eines Freundes aus der Bahn (und mit Verlust ist hier nicht unbedingt das Äußerste, der Tod, gemeint, sondern oft Streit, Bruch, Funkstille). Es gibt Untersuchungen darüber, dass es Männern ab einem gewissen Bildungsgrad sogar leichtfällt, das Ende von Freundschaften zu verwinden, auch weil es ihnen leichtfällt, neue zu knüpfen. «Freundschaften enden, weil Menschen sich unterschiedlich entwickeln», so haben die beiden Psychotherapeuten Arnold Krosta und Hans-Joachim Eberhard die Antworten ihrer Umfrage von 2007 zusammengefasst. «Kein Grund für heftige Affekte.» Wenn es vorbei sei mit der Freundschaft, leide man nicht, hätten die befragten Männer (unter vierzig, eher Akademiker) gesagt. «Wenn man weiß, was man sucht, wird man bald eine neue Beziehung finden.»

Ich glaube kein Wort davon. Kein Grund für heftige Affekte? Aber vielleicht sind das alles auch keine Männer gewesen, die im Pullunder vor den Fernseher saßen, um «Wiedersehen mit Brideshead» zu gucken.

In derselben Studie sind auch Männer befragt worden, die ebenfalls unter vierzig, aber eher nicht Akademiker sind, nicht großstädtisch, nicht lässig, nicht ironisch und die hilflos vor dem Ende ihrer Freundschaften stehen, sich schwertun damit, neue zu schließen, und die glauben, die äußeren Faktoren, die zum Ende ihrer Freundschaften führten, ein Umzug, ein neuer Job, nicht so recht beeinflussen zu können. Es fällt ihnen schwer, den Kontakt zu halten, lese ich aus dieser Analyse heraus, sobald ihre Freunde nicht mehr in der Nähe sind.

Vielleicht ist es ein Zufall: Aber alle besten Freunde, die ich für dieses Buch interviewt habe, führen eine Fernbeziehung. Und bei vielen anderen Männern, die ich kenne, aber nicht interviewt habe, ist es genauso. Bei mir übrigens auch. Michel lebt in Harburg, Manfred in Köln. Mitchell in Boston, Michael auf Long Island. Auch Thomas und Erwin leben nicht in der gleichen Stadt, zwei Freunde, von denen ich bislang noch nicht erzählt habe. Der eine ist Anwalt, der andere Journalist, und sie glauben beide, es sei eigentlich sogar ganz gut für ihre Freundschaft, die seit fünfundzwanzig Jahren hält, dass sie keine Nachbarn seien: «Räumliche Distanz ist aus meiner Sicht die Grundvoraussetzung für eine gute Männerfreundschaft», sagt Thomas. Erwin beschreibt es etwas poetischer: «Freundschaft braucht immer das freiwillige Geschenk der Aufmerksamkeit.» Thomas meint: «Das Geheimnis der Freundschaft zwischen Erwin und mir ist vermutlich, dass wir wegen dieser räumlichen Distanz einfach kaum Gelegenheit haben, uns mit den unweigerlich vorhandenen Eigenheiten auf den Geist zu gehen.» Und Erwin ergänzt: «Die Freude, nach zwei Wochen mit ihm zu telefonieren, ihn nach zwei Monaten mal wieder zu sehen, ist so doch viel größer. Ich habe mich schon mal gefragt, ob ich nicht eigentlich im Vorteil bin gegenüber seiner Frau, die sich möglicherweise jeden Tag mit ihm herumärgern muss.» Und Thomas sagt: «Ich denke, mit Erwin zusammenzuziehen würde keinen Sinn machen.»

Je weiter weg, desto größer wird der Freund. Desto interessanter bleibt er. Desto besonderer. Sonntags, nicht werktags. Es ist wie mit den getrennten Schlafzimmern in einer Ehe, sagt Manfred. «Wir sehen uns einmal, zweimal im Jahr, Michel kommt her, oder ich fahre hin. Und dann gibt man sich Mühe, man lässt sich nicht gehen, man hängt nicht rum.» Freundschaft ist, wo was los ist, hat auch Fil gesagt, der Erfinder von Didi und Stulle, den zwei größten Herumhängern von West-Berlin. Und Fil hat beim Zeichnen noch etwas anderes gemerkt: Wenn der eine von den beiden mal fehlt, wird auch der Comic langweilig.

Aber meistens bleibt nicht Langeweile, wenn zwei Freunde auseinandergehen – obwohl das eine nicht zu unterschätzende Nebenwirkung ist –, sondern Bitterkeit, Enttäuschung. Oder verletzte, wütende Ohnmacht wie bei Jonathan Franzen oder eine gewisse Form von Uneigentlichkeit, wie eine Art Panzerung, etwa beim preußischen Prinzen Friedrich. Der wurde nach Kattes Hinrichtung zum Ironiker, falls er es nicht schon seit langem war, weil er anders die Härte und Gewalt des Vaters nicht ertragen hätte. Er blieb zwar großzügig gegenüber Kattes Familie, wollte aber nichts mehr hören von dem, was im Herbst 1730 in Küstrin geschah. Nicht mal mit Komplizen seines Fluchtversuchs hat Friedrich später noch darüber gesprochen. Er war jetzt König, klar. Nur was hätte ihm, wo er ja König war, eigentlich noch passieren können? Doch er schwieg.

Aber Schweigen ist ein heftiger Affekt. Vielleicht ist es Notwehr, vielleicht aber auch nur sehr realistisch. Was sollen zwei Freunde, die sich trennen, denn noch zueinander sagen? «Lass uns Freunde bleiben»?

Man wird einander also nicht mehr los. Weil Freundschaft eine gemeinsame Erfahrung zweier Menschen ist, hat die sich in beiden gleichermaßen eingelagert. Ich werde immer der Freund meines Freundes sein, auch wenn er nicht mehr mein Freund ist. Das ist kein Widerspruch – man muss sich nur einmal anhören, was alte Freunde antworten, wenn man sie fragt, ob sie sich denn noch einmal anfreunden würden, wenn sie sich heute zum ersten Mal träfen: «Das kann man unmöglich abstrahieren», sagt Manfred zum Beispiel. «Ich kann mir ihn nicht als Fremden vorstellen. Oder als unbeschriebenes Blatt. Ich müsste mich dann ja auch fragen, wie viel vom anderen in mir steckt.» Genau das macht eine Trennung nämlich so schmerzhaft:

Man wurde zu dem, der man ist, weil der andere ja dabei war und geholfen hat. Man wurde es mit ihm und durch ihn. Und jetzt sitzt man quasi mit einem Erbe da und weiß nicht, wohin damit. Thomas Karlauf hat Freundschaft in seinem Sammelband über «Deutsche Freunde» als einen Raum bezeichnet: «Wir betreten ihn nur zu zweit, und sobald wir ihn verlassen – niemals freiwillig –, schließt er sich für immer.» Das ist ein schönes Bild, aber es stimmt nicht so ganz, ich habe hier zum Beispiel noch einen Schlüssel für einen solchen Raum, aber was soll ich nur damit, wenn mir der andere fehlt?

Man bleibt also über das Ende der Freundschaft hinaus miteinander verbunden, und wenn es auch nur noch der Konflikt ist, der einen verbindet. «Sie können gegen mich tun, was Sie wollen», schrieb Stefan Zweig seinem Freund Joseph Roth, als der sich immer weiter vor ihm zurückzog, «mich privat, mich öffentlich herabsetzen oder befeinden, Sie kommen doch nicht davon los, dass ich eine unglückliche Liebe zu Ihnen habe.»

Ich habe nach einem schön verheulten Ende für dieses Kapitel gesucht. Nach einer noch dramatischeren Geschichte als der zwischen den Schriftstellerfreunden Zweig und Roth, die beide im Abstand von drei Jahren sterben, der eine säuft sich 1939 zu Tode, der andere nimmt sich 1942 im Exil das Leben. Oder nach einer Erlösung aus langer Funkstille, wie Franzen sie in «Freiheit» beschrieben hat. Nach Tapferkeit angesichts der Niederlage: Winnetou, der in den Armen von Old Shatterhand stirbt, so was in der Richtung. Die klassische Situation des Hollywood-Cops auf Rachefeldzug hätte es auch getan, «das Schwein hat meinen Partner getötet», unzählige halbgute Filme, und jedes Mal musste ich ein bisschen lachen und ein bisschen heulen, weil es genauso blöd wie schön war, wenn das Schwein, das den Partner getötet hatte, am Ende auch selbst dran glauben musste. Und wo wir schon mal im Kino sind: Einer der erfolgreichsten Filme der letzten Jahre, «Ziemlich beste Freunde» von Olivier Nakache und Éric Toledano, erzählt ja nicht nur von einer Freundschaft zwischen zwei Männern aus komplett unterschiedlichen Welten – der eine ein Banlieue-Kid, der andere ein Adliger im Rollstuhl, zusammengewürfelt nicht von höheren Mächten, sondern vom Arbeitsamt der Stadt Paris –, der eine soll den anderen pflegen, sonst wird ihm die Stütze gestrichen, der andere hat schon so viele andere Pfleger durch, auf den kommt es jetzt auch nicht mehr an. Nein, der Film erzählt auch davon, wie der eine den Lebensmut verliert, als der andere nicht mehr an seiner Seite ist. Und wie sie sich dann wieder zusammentun, nachts durch die Straßen durch Paris jagen – und schon wieder spielt ein Auto eine große Rolle für zwei Männer, ein Freiheitsmobil, ich glaube, ich muss das gar nicht mehr dazusagen.

Aber was ich dann fand, um dieses Kapitel zu beenden, ist vielleicht die bitterste Geschichte von allen.

Sie handelt von einem Schriftsteller (schon wieder,

ich weiß!), der mit seinem besten Freund nicht mehr zurechtkam, weil er ihm nie verzeihen konnte, wie großzügig der andere zu ihm war. Alles, was die Männerforschung herausgefunden haben will über Status, Konkurrenz und Kommunikationsversagen, sämtliche soziologisch ermittelten Gründe für das Scheitern von Männerfreundschaften finden sich in dieser Geschichte wieder. Max Frisch hat sie in «Montauk» erzählt, diesem herrlichen, coolen, unverschämten autobiographischen Buch, das 1975 erschien und in dem Frisch «schreibend unter Kunstzwang» etwas «über mein Leben als Mann» erfahren wollte, wie er sagt. Als Leser erfährt man dann vor allem eine Menge über die Frauen in Frischs Leben und wahrscheinlich mehr, als diesen lieb gewesen ist. «Montauk» beginnt übrigens mit einem Zitat des bekannten Männerforschers Michel de Montaigne, mit der Vorrede seiner «Essais»: «Dies ist ein aufrichtiges Buch», steht dort, «ich habe es dem persönlichen Gebrauch meiner Freunde und Angehörigen gewidmet, auf dass sie, wenn sie mich verloren haben, darin einige Züge meiner Lebensart und meiner Gemütsverfassung wiederfinden.» Man darf das Schlimmste befürchten, und so kommt es auch.

Er nennt ihn nur «W.». Sein voller, wahrer Name ist Werner Coninx, ein Verlegersohn, der einzige und beste Freund des jungen Max Frisch. Man stolpert fast beiläufig über diese Geschichte, sie beginnt wie aus heiterem Himmel, kaum dreißig Seiten ins Buch hinein, so wie Frisch eines Tages wieder über seinen verlorenen

Freund stolpert, am Limmatquai in Zürich. Werner Coninx geht weiter, Frisch schaut ihm nach, unsicher, ob «W.» ihn auch erkannt hat, und dann folgt eine quälende Abrechnung und ein fürchterliches Urteil: «Ich meine, dass die Freundschaft mit W. für mich ein fundamentales Unheil gewesen ist und dass W. nichts dafür kann. Hätte ich mich ihm weniger unterworfen, es wäre ergiebiger gewesen, auch für ihn.»

Eigentlich war die Geschichte von «W.» als Auftakt seiner Memoiren angelegt, die Frisch 1973 begann, so verrät es jedenfalls ein Manuskript, das sich in seinem Archiv in Zürich befindet: Und auch wenn Frisch in seinen Romanen ja irgendwie immer Versionen seiner Memoiren geschrieben hat, ist es doch bemerkenswert, dass er seine Lebenserinnerung ausgerechnet mit der Geschichte einer Freundschaft beginnt, die nicht glückte, die versiegte.

Die beiden kennen sich seit Schulzeiten am Zürcher Realgymnasium. «Er war ein herzlicher Freund, mein einziger Freund damals, denn neben W. war irgendein andrer kaum denkbar, er hätte vor W. nicht bestanden.» Und auch Werner Coninx habe keine anderen Freunde gehabt. Die zwei sind später gegenseitig Trauzeugen bei ihren Hochzeiten, aber von Anfang an ist da ein Gefälle, das Frisch umso schmerzhafter spürt, weil er sich unten wähnt, der mittellose Junge aus kleinen Verhältnissen, der einen Freund mit Diener hat (der Familie Coninx gehört der Zürcher «Tagesanzeiger»).

Werner schenkt ihm seine alten Tennisschläger, damit die Freunde miteinander spielen können, wobei er Max dann schlägt, jedes Mal. Er schenkt ihm seine abgelegten Anzüge, er schenkt ihm am Ende sogar sechzehntausend Franken, damit Frisch, der sich damals als Journalist durchschlägt und die ersten, erfolglosen Romane veröffentlicht hat, Architektur studieren kann, Werners Idee übrigens. «Er weiß es und ich weiß es, was er für mich getan hat», schreibt Frisch Jahre später in «Montauk». Und erzählt von seiner Bewunderung für den klugen, einzelgängerischen, kunstsinnigen Freund, der immer viel kritischer mit sich selbst umgegangen sei, als sein Freund es je hätte sein können, der großzügig gewesen sei, ohne Dünkel, ein zerrissener, isolierter Mensch, der seine Entdeckungen und Erwerbungen, ob nun Bücher oder Gemälde, aber nicht teilen konnte. Und der offenbar nicht gelten lassen konnte, dass Frisch aufholte, erst intellektuell, dann finanziell, sozial, dass er ein bekannter Mann wurde.

«Lass dir Zeit», soll Coninx zu Frisch gesagt haben, wenn der beim Skifahren nicht das Tempo halten konnte, wenn er «weiß nach einigen Stürzen und außer Atem» den Freund endlich eingeholt hatte: «Es machte ihm nichts aus zu warten.» Aber es scheint doch, als sei es im Gegenteil exakt darum gegangen – dass der eine, so schnell es geht, aufschließen wollte an Status, an Bedeutung und Selbstsicherheit und der andere ihn zwar großzügig dazu aufforderte, nicht zu ehrgeizig zu sein, die Ruhe zu bewahren, worin sich aber eigentlich seine Herablassung versteckte – oder seine Verlustängste, Statusängste. Lass dir Zeit: Dahinter steckt mehr der Wunsch, dass Frisch es nicht gelingen würde, das Gefälle zwischen den beiden irgendwann zu überwinden. Coninx subventioniert Frischs Studium, aber als der dann dazulernte und über Architektur zu sprechen anfing, als er Werner von seinen Lehrern erzählte oder von Corbusier oder van der Rohe, «dann hatte er eine Miene, als redete ich von Musik, wovon ich im Grund, wie W. wusste, nichts begriff, oder von Philosophie. W. kannte mich eben schon: von der Schule her.» Dass auch er im längst erwachsenen Freund immer noch den Gymnasiasten von damals erkannte: das verbürgte hier nun, anders als bei Michael Kimmel oder Elke Heidenreich, eben nicht die Freundschaft zwischen den beiden, transzendierte sie nicht, machte sie nicht zu einem Projekt, in dem man jederzeit an den gemeinsamen Anfang zurückgehen kann: Nein, es nagelte Frisch auf ein ewiges Mäxchentum fest.

«Das eine und andere», schreibt er Jahre später, «hätte ich mir nicht gefallen lassen dürfen. Ich habe W. nie gehasst deswegen; es war mein Fehler.» Man darf nicht vergessen, dass man hier zwar nur Frischs Seite der Geschichte hört. (Leider konnte ich nicht herausfinden, wie Werner Coninx empfand, was er über sich in «Montauk» lesen konnte, wenn er es denn gelesen hat.) Aber man möchte eigentlich mit keinem dieser beiden Männer befreundet sein. Andererseits erlebt man in diesen Passagen von «Montauk» eine menschliche Beziehung von so irrer Komplexität, die so massiv scheitert – und zwei Freunde tun sich das an. Sie sind nicht verwandt. Sind nicht Vater und Sohn, keine Geschwister, sind nicht verheiratet, sie haben sich gefunden, gewählt und erholen sich davon nicht mehr. Frisch jedenfalls gelang es nicht. «Wann er mir gleichgültig wurde, weiß ich nicht genau», heißt es in «Montauk», aber jede der zwanzig Seiten über «W.» in diesem Buch widerlegt den Satz. Und wenn Frisch von eigenen Fehlern spricht, fällt es abermals schwer, ihm das zu glauben – wenn er wirklich so gerecht und großzügig wäre, wie sein Eingeständnis suggeriert, dann hätte er den Freund nicht so vorgeführt, als er es schließlich konnte, weil ihm die Welt jetzt zuhörte. In aller Öffentlichkeit tritt Max Frisch nach. Er hat aufgeholt. Er hat sich Zeit gelassen, jahrelang kein Wort, und jetzt das: «Unsere Freundschaft war für mich ein fundamentales Unheil.»

Der Berliner Literaturkritiker Volker Weidermann hat in seiner Frisch-Biographie von 2010 Werner Coninx einen «blonden Schatten» genannt, der über dem Leben des Schriftstellers lag. Und es sind genau diese Schatten, davon handelt ja auch das Gedicht von Donald Justice, in denen wir ein Leben lang suchen nach dem, was wir verloren haben. Frisch will ihn loswerden, den Schatten, den sein Freund auf sein Leben wirft. Aber er ist auch zu dem geworden, der er ist, weil es diesen Werner Coninx gab. Es geht ja nie mehr dahinter zurück. Man kann es nicht ungeschehen machen, es ist in der Welt, wie diese Passage in «Montauk», die so bedeutend für Frisch war, dass er sie an den Anfang seiner Memoiren stellen wollte. Die sechzehntausend Franken für das Studium hat er seinem Freund übrigens nie zurückgezahlt, «es hätte ihn verletzen müssen, denke ich», schreibt Max Frisch, «es hätte seine Generosität sozusagen annulliert».

Aber man kann Freundschaften nicht annullieren, man kann sie beenden und zerreißen und einen Strich darunter machen, doch unter dem Strich bleibt immer etwas.

Sechstes Kapitel

SIND «FREUNDE» ELEKTRISCH?

Es gibt wirklich kaum etwas Langweiligeres, als sich auf die alten Griechen zu berufen, aber es hilft nichts, schon die alten Griechen haben gesagt, dass es keine Freunde mehr gibt. «O meine Freunde, man findet keinen Freund mehr», behauptete Aristoteles vor fast zweitausendfünfhundert Jahren – weil zur wahren Freundschaft Eigenschaften nötig sind, die unter den Menschen immer rarer würden. Selbstlosigkeit zum Beispiel zählte der Philosoph dazu, Wohlwollen, die Fähigkeit, den anderen um seiner selbst willen zu lieben und nicht, um sich an dieser Liebe zu bereichern. O meine Freunde, man findet keinen Freund mehr: Der Witz an dieser Erkenntnis war natürlich, dass Aristoteles sie ausgerechnet seinen Freunden an den Kopf warf. Und seitdem denkt die Welt darüber nach, wie er den Widerspruch gemeint haben könnte. Montaigne zitierte den Ausruf zustimmend, weil seine Freundschaft mit Étienne de la Boëtie so innig, so vollkommen gewesen sei, «dass man gewiss von viel dergleichen nicht lesen wird; und unter den Menschen heutigen Tages findet sich davon gar keine Spur mehr.» Der französische Philosoph Jacques Derrida hat sich damit beschäftigt, wer da wie spricht und was er in die Welt setzt, indem er es ausspricht – weil Aristoteles sich den Satz nämlich selbst wiederum von einem anderen Philosophen geborgt hatte. Ich habe diesen Ausruf noch in jedem Buch über Freundschaft gefunden – zitiere ihn hier aber nur, um noch etwas lauter als Aristoteles zu erklären: O meine Freunde, dass man keine Freunde mehr findet, haben schon echt viele Freunde behauptet.

Aber es stimmt nicht. Man könnte genauso gut behaupten, dass früher das Wetter besser gewesen sei, die Sommer heißer, die Winter weißer, die Ferien länger, die Portionen größer. Das tun die Leute natürlich ständig, es ist ja auch sehr menschlich – aber man hat es hier nicht mit haltbaren Befunden zu tun, sondern mit der Unschärferelation der Erinnerung. Und es ist ein Fall von jenem Sonderbewusstsein, mit dem schon seit jeher die eine Generation die folgende Generation in die Schranken verwiesen hat: Wir sind die Letzten unserer Art. Wer nach uns kommt, kapiert es nicht mehr.

Vor einigen Jahren kursierte im Internet ein Text, Autor unbekannt, der vermutlich millionenfach weitergegeben wurde, er machte kettenbriefartig die Runde wie die Powerpoint-Büromails mit Witzen über Chefs oder Kollegen. Dieser Text versicherte damals den Kindern der fünfziger, sechziger und siebziger Jahre, dass nur sie es noch kannten, das wahre, wilde Leben – während er gleichzeitig den Nachgeborenen einreden wollte, dass sie das Beste verpasst hätten und deshalb nicht mitreden könnten: «Wenn du nach 1978 geboren wurdest, hat das hier nichts mit dir zu tun …

Verschwinde!», stand über dem Text, und nach diesem barschen Platzverweis folgte so etwas wie die Beschreibung einer Idealkindheit: «Wir bauten Wagen aus Seifenkisten und entdeckten während der ersten Fahrt den Hang hinunter, dass wir die Bremsen vergessen hatten. Damit kamen wir nach einigen Unfällen klar. Wir verließen morgens das Haus zum Spielen. Wir blieben den ganzen Tag weg und mussten erst zu Hause sein, wenn die Straßenlaternen angingen. Niemand wusste, wo wir waren, und keiner von uns hatte ein Handy dabei!» Das ist aber noch nicht alles: «Wir aßen Kekse, Brot mit Butter dick, tranken sehr viel und wurden trotzdem nicht zu dick. Wir tranken mit unseren Freunden aus einer Flasche und niemand wurde krank deswegen», und es geht immer so weiter, «wir hatten nicht: Play Station, Nintendo 64, X-Box, Videospiele, 64 Fernsehkanäle, Filme auf Video, Surround-Sound, eigene Fernseher, Computer, Internet-Chat-Rooms», aber das sei alles überhaupt nicht schlimm gewesen, ganz im Gegenteil, denn, bitte jetzt alle aufpassen: «Wir hatten Freunde!»

In den meisten Versionen, die ich im Netz finden konnte, ist dieser Satz gefettet. Manchmal, je nach Website, steht er auch in Großbuchstaben da. Oder extra abgekoppelt mit Gedankenstrich – wir hatten Freunde! In allen Fällen ist es aber der Höhepunkt dieser Hitliste von Erfahrungen, die ein Sonderbewusstsein begründen sollen. Der zentrale Unterschied zwischen den Generationen. Der Triumph. Wir brauchten keine Geräte, wir waren nicht wie die überversorgten, durchtechnologisierten Streberkinder von heute, wir hatten noch richtige, echte Freunde aus Fleisch und Blut: «Wir gingen einfach raus und trafen sie auf der Straße. Oder wir marschierten einfach zu deren Heim und klingelten. Manchmal brauchten wir gar nicht klingeln und gingen einfach hinein. Ohne Termin und ohne Wissen unserer Eltern. Keiner brachte uns und keiner holte uns … Wie war das nur möglich?»

Ich habe auch Varianten dieses Texts gefunden, in denen die Jahrgänge, die sich bitte sofort schleichen sollten, weil sie eh nicht verstünden, wovon hier die Rede ist, weiter und weiter nach vorne verlegt wurden. Und zwar bis ins Jahr 1984. Das war besonders rührend – weil hier offenbar Leute, die später geboren wurden, auch zu den Eingeweihten zählen wollten. Und deswegen die Altersgrenze der wilden Jugend verschoben. Man will natürlich nicht zu den Volltrotteln gehören, die keine Ahnung haben, was eine Seifenkiste ist oder wie sich das wahre Leben anfühlt.

Wenn ich es mir recht überlege, war aber eigentlich gar nichts daran rührend, sondern alles in allem doch eher bescheuert: Weil diese kulturpessimistische Tirade von der Überlegenheit der Generationen ohne Zugang zu «Computer und Internet-Chat-Rooms» ja eben doch von Mitgliedern exakt dieser Generationen über exakt diese Computer und Internet-Chat-Rooms weiterverbreitet wurde – und nicht etwa in Seifenkisten, per Postkutsche oder auf dem Pferd vom

Kurier des Zaren. Da gibt es einen logischen Bruch, der war genauso faszinierend wie der von Aristoteles: O Freunde, man findet keinen Freund mehr.

Die technische Verfeinerung der Kommunikation, die sozialen Medien, in denen sich Menschen heute austauschen, verändern die Tiefe menschlicher Beziehungen, entwerten sie sogar: Darauf zielt dieses Pamphlet im Kern ab, das ist seine Botschaft. Der Mangel, kein Handy, keine Spielkonsolen besessen zu haben, sondern allenfalls ein Telefon und einen Fernseher für Serien im Vorabendprogramm, wird umgedeutet zum Vorteil. Das ist ein typischer Vorgang: Die Kinder der fünfziger, sechziger und siebziger Jahre hatten sich im Gegenzug von ihren Eltern und Großeltern anhören müssen, wie groß der Hunger im Krieg war, wenn sie mal wieder ihre Suppe nicht aufessen wollten.

Ich will die Entbehrungen und Erfahrungen der einen Generation nicht gegen die der anderen ausspielen, ich will diesen Internet-Text auch gar nicht größer machen, als er ist, man liest so etwas in der Kaffeepause am Computer und freut sich vielleicht, weil man etwas darin von früher wiederzuerkennen glaubt. Allerdings gibt es Wissenschaftler, die Ähnliches behaupten wie dieser Text und das mit den neuesten Erkenntnissen der Hirnforschung zu belegen versuchen. Man vereinsamt vor dem Computer, schreibt zum Beispiel der Psychiater Manfred Spitzer, man vergisst soziale Techniken, verliert den Halt in der Gegenwart, verwahrlost. «Die intensive Nutzung sozialer Netzwerke», schreibt

Spitzer in seinem Buch «Digitale Demenz» von 2012, «vermindert nicht nur die Anzahl realer Freundschaften, sondern auch die soziale Kompetenz; die hierfür zuständigen Gehirnareale schrumpfen. Mehr Stress und zunehmender Verlust der Selbstkontrolle sind die Folgen. Eine soziale Abwärtsspirale setzt ein, die einem erfüllten Leben in der Gemeinschaft entgegensteht.» Wer zu oft auf Facebook ist, heißt das übersetzt, verliert Freunde, verliert Anschluss, verliert graue Zellen, verliert die Nerven, verliert den Kontakt zur Gegenwart.

Das gelte zwar nicht für jeden, räumt der Psychiater Spitzer ein. Wer schon immer Freunde gehabt habe, der werde «kaum Schaden nehmen», er meint da wahrscheinlich die Generation Seifenkiste. «Ganz anders ist es jedoch, wenn noch in der Entwicklung befindliche Kinder sich der neuen Technik zuwenden. Hier werden ganz offensichtlich für eine gesunde Entwicklung erforderliche Erfahrungen durch elektronische Medien verhindert. Wer in jungen Jahren viel in Facebook unterwegs ist, der ist entsprechend seltener in der Realität sozial engagiert.» Und nicht nur das: «Der hat gute Chancen, dass sein Verhalten sehr zu wünschen übrig lassen wird.» So erklärt sich Spitzer auch Phänomene wie das sogenannte Cyber-Mobbing unter Jugendlichen: Weil man im Internet anonym bleiben könne, wirke dort auch kein Korrektiv wie die «Angst vor sozialer Kontrolle», die auffälliges Verhalten in der «Realität» sanktioniere: Niemand weiß, wer du bist, deswegen kann dich auch niemand ausgrenzen, wenn du dich danebenbenimmst. Strom verdirbt den Charakter.

Eigenartig finde ich das. Eben noch, bei Stuart Miller, beschädigte die Angst vor sozialer Kontrolle das Lebensglück vieler Männer, die sich nicht trauten, Freundschaften zu schließen, weil sie nicht für schwul gehalten werden wollen. Bei Manfred Spitzer dagegen ist die Angst vor sozialer Kontrolle offenbar ein wünschenswerter, zivilisierender Effekt. Spitzer, der mit seinen Thesen quer durch die Fernsehtalkshows tourte, spricht auch von «richtigem sozialem Verhalten», das Kinder vor dem Computer langsam verlernten, er schlägt also, wahrscheinlich ohne es selbst zu merken, einen unterschwellig autoritären Ton an, wo er doch nur besorgt um die Zukunft «unserer Kinder» klingen will. Und er misst das Potenzial menschlichen Verhaltens immer wieder an der Größe des Gehirns, er beruft sich auf die Forschungen der sozialen Neurowissenschaft und erklärt: «Soziale Fertigkeiten, also die geistige Leistung der sozialen Einfühlung (das soziale Denken, die Fähigkeit, sich in jemanden hineinzudenken) und des richtigen sozialen Handelns werden durch ganz bestimmte Bereiche des Gehirns geleistet, die nach neuesten Erkenntnissen in ihrer Größe wachsen, wenn man sozial aktiv und damit auch in diesen Gehirnzentren besonders aktiv ist.» Und wohin es führt, wenn man nicht «sozial aktiv» ist, sondern ständig allein vor dem Computer hängt, weiß Spitzer auch:

«Langfristig besteht die Gefahr, dass Facebook & Co zur Schrumpfung unseres sozialen *gesamten* Gehirns führen werden. So gesehen ist es äußerst beunruhigend, dass mittlerweile etwa eine Milliarde Menschen Facebook nutzen.»

Eine Milliarde asozialer Schrumpfköpfe, und alles nur wegen der sozialen Medien.

Spitzer ist nicht der Einzige, der vor der Isolation warnt, vor der schleichenden Zerstörung sozialer durch den Gebrauch digitaler Techniken: Das ist inzwischen ein richtiges Genre geworden. Der Schriftsteller Heinz Strunk hat es in einem sehr lustigen Lied namens «Computerfreak» mal parodiert, da singt er: «Computerfreak, Computerfreak / Lebst in deiner Welt, hackst mit dicken Fingern in die Tastatur. / Computerfreak, Computerfreak / Abgeschottet, ausgesperrt, suchst im Chat Erlösung und findest nur dich selbst. / Wirklichkeit und Phantasie verschmelzen zu einem Klumpen, aus virtueller Masse und binärem Code. / Computerfreak, Computerfreak / Beidseitig formatierbar, Gefangener von Bytes, Joystick der Gefühle, das Hirn verklumpt mit Datenbrei, Controlling ausgeschlossen, ist das die schöne Neue Welt oder Horrortrip?» Aber mich überzeugen diese pessimistischen Menschenbilder nicht. Wer glaubt, dass Facebook Freundschaft kaputt macht, der hat – um jetzt mal wie ein alter Grieche zu reden – kein Vertrauen auf die Autonomie des Subjekts und außerdem vermutlich ein viel zu wörtliches Verständnis davon, was eigentlich mit «Freunden» bei Facebook gemeint ist. Sich bei Facebook zu befrienden, indem man auf «Hinzufügen» klickt, ist erst mal ein technischer Vorgang. Ich räume zwar jederzeit gern ein, dass Sprache Realität schafft – aber man muss sich schon dumm stellen, um wirklich zu glauben, dass da Verwechslungsgefahr besteht: dass man also tatsächlich verlernen könnte, wie schwierig es ist, Freunde in Spitzers «Realität» zu finden und zu behalten, weil es im Internet angeblich so easy geht. Dreitausendsiebenhunderteinundneunzig «Freunde» bei Facebook – wir glauben doch auch nicht an das, was uns in der Waschmittelwerbung erzählt wird. Das löscht doch nicht die eigene, tagtägliche Erfahrung aus. Ich bin mir jedenfalls sicher, dass Menschen auch bei immer weiter zunehmendem Gebrauch von Computern in der Lage sein werden, andere Menschen von Computern zu unterscheiden.

Das Philosophiemagazin «der blaue reiter» hat im Februar 2012 eine Umfrage gemacht, um herauszufinden, wie Facebook sich auf Freundschaft auswirkt. «Nein», sagte eine zwölfjährige Schülerin, «ich hatte vorher keine anderen Freundschaften.» «Außer dass ich Briefpapier spare, hat sich eigentlich nichts verändert», antwortete ein zweiundzwanzigjähriger Student. Das Magazin hat auch Skepsis dokumentiert, Ablehnung: «Manchmal erkennt man Stimmen am Telefon nicht mehr», sagte zum Beispiel ein anderer Student. «Ich habe jetzt jede Menge ‹Freunde›, die ich gar nicht kenne!», erklärte ein einundfünfzigjähriger

Mann, «und die ich auch gar nicht kennenlernen will.» Diese empirischen Schlaglichter mögen zufällig sein – aus den Antworten hörte man aber doch Souveränität im Umgang mit den digitalen Geräten heraus, egal, ob die Befragten sie blöd oder toll fanden. Allen war klar, dass soziale Medien nur Hilfsmittel sind, mit denen man hantiert, die aber nicht die Realität ersetzen. Und darauf kommt es doch an.

Soziale Medien sind also nicht mein Gegner. Soziale Medien lenken vielleicht ab und stehlen die Zeit, um an die frische Luft zu gehen oder ein Buch zu lesen oder meinetwegen einen Freund zu treffen, aber sie unterminieren keine Freundschaften. Oft helfen sie eher dabei, Freundschaft zu organisieren, und das kann sehr praktisch sein. Manchmal helfen sie auch, Freundschaften überhaupt erst zu schließen – Wolfgang Herrndorf, der Autor von «Tschick», gehört zum Beispiel zu einem Kreis von Leuten, die sich vor Jahren im Internetforum «Wir höflichen Paparazzi» kennengelernt haben. Daraus ist ein stabiles soziales Netz entstanden, ein *support system*, eine eigene Gesellschaft mit eigener Moral: Herrndorf hat den sogenannten «Pappen» in seinem Roman «Sand» gedankt. Und was diese «Realität» betrifft, die Spitzer immer wieder anruft als Ort der wahren Empfindung – ich habe in den vergangenen Kapiteln versucht zu beschreiben, dass Freundschaft oft genug gar nicht dort zu Hause ist, sondern in Erinnerungen und gemeinsamer Erfahrung, in Plänen, die schiefgehen oder hinhauen, ganz egal, Hauptsache, man schmiedet sie zusammen.

Ich wollte über soziale Medien eigentlich auch kein Wort verlieren, weil ich den skeptischen Umgang mit Facebook genauso normal und selbstverständlich finde wie den praktischen Umgang mit solchen Netzwerken und weil ich die Debatte über das böse oder gute Internet für genauso unergiebig halte wie die über Männer und Frauen im einundzwanzigsten Jahrhundert. Über so was, dachte ich, können sich gern andere den Kopf zerbrechen – aber dann traf ich bei der Recherche zu diesem Buch immer wieder auf die gleichen Zweifel: Ob denn heutzutage, wurde ich gefragt, in diesen schnellen Zeiten dauernden Wandels, so etwas wie eine beständige Freundschaft überhaupt noch möglich sei? Ob man sich diese freien Räume noch schaffen könnte? Ob unser Informationsalltag nicht die Konzentration auffressen würde, die man bräuchte, um sich ganz auf einen anderen Menschen einzulassen? Die kluge, vorsichtige Hannelore Schlaffer, bestimmt keine Kulturpessimistin, hat mich das zum Beispiel gefragt und mir von jüngeren Kollegen erzählt, die ihr so gehetzt vorkämen, wie auf der Flucht.

Ich habe auf diese Fragen keine theoretisch fundierte, mit Ergebnissen der Hirnforschung angereicherte Antwort, nur eine aus der Praxis: Wenn ich die Kurznachrichten zwischen mir und meinem besten Freund aus den vergangenen zehn Jahren edieren würde, käme ich wahrscheinlich auf einen Briefwechsel in der Länge und Intensität von Gleim und Uz. Deren Freundschaft bestand irgendwann im Übrigen auch nur noch aus Worten, weil sie sich nie wiedersahen, nachdem der eine aus Halle fortgezogen war. Ihre Freundschaft verselbständigte sich in dem Medium, in dem sich die beiden Dichter austauschten, und das war damals, im analogen 18. Jahrhundert, noch das Papier. Was die Freunde Uz und Gleim füreinander empfanden, konnten sie jedenfalls nicht mehr in dem ausleben, was Manfred Spitzer die «Realität» nennt. Ich bin mir aber sicher, ihre Gehirne haben trotzdem nicht darunter gelitten.

Der wahre Gegner der Freundschaft sind also nicht die sozialen Medien. Es sind vielmehr Leute, die aus Freundschaft eine Tauschökonomie machen wollen. Die Sätze schreiben wie: «Beziehungen zu anderen Menschen sind eine besonders wertvolle Währung. Überlegen Sie, durch welche Menschen Sie sich bereichert fühlen würden. Suchen Sie gezielt Kontakte zu Menschen, die Ihnen gut tun, die Sie Ihren persönlichen Zielen näherbringen können und die Sie Ihrerseits bei Ihrem Vorhaben unterstützen können.»

Der Mann, der das schreibt, ist 1959 geboren: Er gehört also zu einer jener Generationen, die sich angeblich noch in Seifenkisten Abhänge runterstürzten und echte, wahre, richtige Freunde hatten. Es handelt sich um den Unternehmer Carsten Maschmeyer. 2012 hat er ein Buch darüber geschrieben, wie man, so der Untertitel, «erfolg reich lebt»: In «Selfmade» widmet er sich deshalb auch dem Aufbau, dem Wachstum und der Pflege zwischenmenschlicher Beziehungen. Warum tut er das? Weil er Menschen kennt, die nur wegen ihrer guten Beziehungen Karriere gemacht hätten. Und auch wenn Maschmeyer wieder und wieder beteuert, er wolle nicht jede Regung seines Lebens zu Geld machen, auch wenn er sagt, das «Networking» für ihn auch bedeute, «Freunde zu haben, ohne dass man miteinander Geschäfte machen möchte»: Der Mann rechnet letztlich alles, was er tut – und was die Leser seines Ratgebers besser auch tun sollten, wenn sie Erfolg haben wollen –, ins Finanzielle um. Seine Metaphern und Bilder verraten ihn: «Bauen Sie ein Kontaktguthaben und knüpfen Sie die Kontakte, bevor Sie Ihr Netzwerk benötigen», empfiehlt Maschmeyer zum Beispiel, oder: «Gehen Sie Kontaktadern nach – die können so ergiebig wie Goldadern sein», oder: «Gehen Sie ruhig auch einmal in Vorleistung: ‹Wen darf ich dir vorstellen, wen möchtest du kennenlernen?› So baut der andere quasi Kontaktschulden bei Ihnen auf. Später haben Sie einen gut bei ihm – also ein Kontaktguthaben.» Kontaktadern, Kontaktschulden, Kontaktguthaben – ich glaube, Maschmeyer trägt Kontaktlinsen, die alles, was er sieht, in Geld ummünzen. Man nennt so eine Verengung den kameralistischen Blick – wie in den Trickfilmen, wenn Löwen Lämmer sehen, die sich vor ihrem geistigen Auge in knusprige Rippchen verwandeln.

«In meinem Beruf geht es um Geld», räumt auch

Maschmeyer ein, «aber meine Leidenschaft gilt den Menschen. Finanzielle Gewinne sind schön, Menschen für sich zu gewinnen ist noch viel schöner. Ich bin der Überzeugung, dass zwischenmenschliche Beziehungen das Leben enorm verschönern und erleichtern können.» Wenn ich ehrlich bin, dann ist Carsten Maschmeyer, der leidenschaftliche Menschengewinner, am Ende natürlich auch nicht mein Gegner. Erstens, weil er im Interesse seiner Tipps lieber ausblendet, was mich so interessiert: Wie unendlich kompliziert und rätselhaft und zufällig diese «zwischenmenschlichen Beziehungen» nämlich sind. Maschmeyer glaubt ja ganz im Gegenteil, man könne sie mit ein paar Tricks optimieren: «Besuchen Sie in Ihrem Sportverein ruhig einmal die Jahresversammlung», rät er zum Beispiel. «Organisieren Sie eine Geburtstags- oder Sommerparty.» «Probieren Sie es mit einer Vernissage. Das macht Spaß, Sie lernen etwas dazu und Kunst bildet.»

Und zweitens, das muss ich ihm fairerweise zugestehen, beschwört Maschmeyer in seinem Ratgeber keine Freundschaften wie die von Gleim und Uz, die im Himmel geschlossen und auf Papier ausgelebt wurden. Er empfiehlt zwar, Bekannten und Freunden Briefe mit der Hand zu schreiben, aber nur weil das «Herzlichkeit vermittelt»: Er versteht so etwas nämlich als Effekt. Als Mittel zum Zweck. Maschmeyer hat eine ziemlich klare Vorstellung davon, wie Menschen aus dem, was sich zwischen ihnen und ihren Freunden und Bekannten abspielt, einen Vorteil ziehen können. (Er ist übrigens in die Schlagzeilen geraten, weil er 2007 eine Werbekampagne für ein Buch seines Freundes Christian Wulff bezahlt hatte, des damaligen niedersächsischen Ministerpräsidenten von der CDU, der später als Bundespräsident zurücktrat, als sich die Staatsanwaltschaft für seine Freundschaftsdienste zu interessieren begann.) Auch mit Wulffs Vorgänger als Ministerpräsident, Gerhard Schröder, ist Maschmeyer befreundet: Für den hatte er 1998 eine Anzeige bezahlt, die den Sozialdemokraten in seinen Ambitionen auf die Kanzlerschaft unterstützen sollte. Maschmeyer, Schröder und Wulff leben allesamt in Hannover. Das muss so etwas wie die Welthauptstadt der Männerfreundschaft sein. Seine vielen parteiübergreifenden Freundschaften jedenfalls erklärt Maschmeyer im Buch mit dem auf den ersten Blick rätselhaften, dann aber entlarvenden Satz: «Hätte Christian Wulff allerdings zum Beispiel in Hessen gelebt, so hätte ich ihn höchstwahrscheinlich nie kennengelernt, vielleicht stattdessen Roland Koch.» Der war nämlich auch mal ein äußerst machtbewusster Ministerpräsident – falls die Interessenlage hier irgendwie unklar sein sollte.

«Vergrößern Sie Ihr Kontaktvermögen!», ruft Maschmeyer seinen Lesern zum Schluss zu, und das ist natürlich doppeldeutig gemeint: Seine Leser sollen auch daran arbeiten, Kontakte leichter knüpfen zu können. Wie das wirklich geht, verrät er nicht. Eine Sommerparty schmeißen? Auf Vernissagen herumstehen? Schön, und was dann? Von der Komplexität menschlicher Beziehung hat er einen numerischen Begriff, der in seiner Schlichtheit manchmal sprachlos macht. («Sie kennen 100 Menschen», schreibt er einmal. «Jeder dieser direkten 100 Kontakte kennt im Schnitt auch wieder 100 Personen. Und damit verfügen Sie zusammen indirekt bereits über 10 000 Kontakte.») Anders als die amerikanische Schriftstellerin Susanna Sonnenberg, die andere Frauen braucht, um ihr Leben besser zu navigieren und in den Griff zu kriegen, hat Maschmeyer zunächst einmal offenbar keinen existenziellen Anspruch an Freunde und Bekannten und «Kontakte». Er spricht ganz arglos von Eigeninteresse, von der Nützlichkeit und Nutzbarkeit menschlicher Beziehungen – während Susanna Sonnenberg sich eine höhere Aufrichtigkeit und Selbstlosigkeit von ihren Freundinnen ersehnt. Damit ist sie zwar auch oft enttäuscht worden, sie hört aber dennoch nicht auf, aus ihren Freundschaften Lebensenergie zu gewinnen. Mir ist klar, dass ich hier zwei Autoren aufeinanderprallen lasse, die nicht weiter voneinander entfernt sein könnten. Dennoch haben sie etwas gemeinsam – in ihrer Weise schreiben sie beide am Ende Optimierungsliteratur.

Wie sehr es eine Freundschaft belasten kann, wenn man sie auf den Austausch von Gefallen gründet, zeigt auch die Geschichte, die Max Frisch in «Montauk» erzählt, man muss das nur mal gegeneinanderhalten: hier Carsten Maschmeyer und seine Kontaktschulden, dort Max Frisch und Werner Coninx und die Sache mit dem spendierten Studium und den vererbten Anzügen. Es konnte einfach nicht gutgehen mit Frisch und seinem Freund. Wie groß müsste die Liebe zweier Freunde sein, um so ein Gefälle zu überwinden! Der eine reich und über alles erhaben, der andere ehrgeizig und deswegen tief verunsichert. Frisch hat seinem besten Freund Werner später dann ja auch heimgezahlt, was der ihm Gutes getan hatte, und literarisch mit der Freundschaft abgerechnet. Die Geschichte des Schriftstellers und seines Jugendfreundes zeigt die Unkalkulierbarkeit menschlicher Beziehungen in aller Härte, ihre Fragilität, sie zeigt: Freundschaften lassen sich nicht ausrechnen und erst recht nicht optimieren. Aristoteles hielt Freundschaft nur zwischen freien und gleichen Bürgern für möglich. Die Geschichte von Frisch und Coninx scheint das zu bestätigen. Aristoteles glaubte andererseits auch nicht an eine Freundschaft als Instrument zum Anschub der Karriere: «Wo also Nutzen das Motiv der Freundschaft bildet, da lieben sich die Menschen nicht um ihres Wesens willen, sondern nur, soweit sie etwas voneinander haben können», schrieb er in der «Nikomachischen Ethik». «Nicht deshalb, weil er der ist, der er ist, wird der Befreundete geschätzt, sondern weil er irgendein Gut oder eine Lust verschaffen kann. Wer also den anderen nur deshalb in günstigen äußeren Umständen sehen möchte, weil er sich von ihm Bereicherung erhofft, richtet sein Wohlwollen gar nicht auf den anderen, sondern auf sich selbst.»

Ich kann mir jedenfalls keinen größeren Abstand

denken zwischen der Ökonomisierung des Sozialen, wie sie Carsten Maschmeyer als Mittel zu einem erfüllten Leben vorschwebt – und dem, was Erwin, der beste Freund von Thomas, im vorigen Kapitel «das freiwillige Geschenk der Aufmerksamkeit» genannt hat, als Lebensbedingung für eine Freundschaft. Ich weiß gar nicht, welches von Erwins Worten ich am stärksten betonen würde – die Freiwilligkeit, das Geschenk oder die Aufmerksamkeit. «Sicher haben wir uns auch mal den einen oder anderen Gefallen getan, weil der andere sich das eben wünschte», sagt Erwin über sich und Thomas, «aber das war nie die eigentliche Grundlage der Freundschaft.»

Die eigentliche Grundlage der beiden, das ist nämlich das Gespräch. (Also ist da schon wieder kein gemeinsames Hobby in Sicht, wie die Forschung es zum Regelfall erklärt hat!) Es war sogar von der ersten Minute an das Gespräch, was die beiden Freunde miteinander verband: Vor fünfundzwanzig Jahren haben sich Thomas und Erwin auf einer Sommerakademie der Studienstiftung des deutschen Volkes in Salem kennengelernt. Es begann zwischen den beiden mit einem Spaziergang, der nach Stunden an der Wallfahrtskirche Birnau über dem Bodensee endete – und eben mit einem Gespräch, das bis heute andauert. Damals sind Erwin und Thomas noch Studenten, der eine ist Germanist, dabei gelernter Metzger und Koch, der andere ist Jurist, sehr früh Vater geworden, aber schon wieder geschieden: Die beiden haben ihr Leben bis dahin also nicht nur mit dem Kopf in der Luft von Bibliotheken verbracht. Jetzt besuchen sie gemeinsam eine Sommerakademie am Bodensee, das Thema ist Schiller, ausgerechnet der große Freundschaftsemphatiker – doch zwischen Erwin und Thomas geht es erst einmal vor allem um die Frauen.

«Was uns zusammengeschmolzen hat», vermutet Erwin, «war, dass wir beide gerade eine gescheiterte Liebesbeziehung hinter uns hatten. Jeder konnte dem anderen sein Herz ausschütten, aber es hat sich nicht darin erschöpft. Es war ziemlich bald dieser wundersame Moment zu spüren, dass wir dieselben Fragen an das Leben hatten und ähnliche Sehnsüchte in uns hegten. Wir suchten nach Lebenskunst.»

Thomas und Erwin sind inzwischen ein Vierteljahrhundert miteinander befreundet. Harmonisch, wie sie beide sagen, ohne Konflikte, in einer großen Gleichmäßigkeit. Promoviert sind heute beide, der eine wurde Wirtschaftsanwalt, der andere ist Journalist und Autor mehrerer Bücher über Goethe, über gutes Essen und die Verfeinerung des deutschen Lebensstils im Lauf der letzten zweitausend Jahre. Thomas ist inzwischen Partner in seiner Kanzlei und wieder verheiratet, er hat vier Kinder. Erwin bezeichnet sich selbst als dreitausendjährigen Eremiten. Ihre Freundschaft scheint auf den ersten Blick zu widerlegen, was Aristoteles postulierte: dass zwei Menschen nicht nur frei, sondern auch gleich sein müssten, um Freunde zu werden und zu bleiben. Status, sagt Thomas, spiele aber keine

Rolle zwischen den beiden. Auch der Statuswechsel, der, wie die soziologische Forschung behauptet, die Freundschaft unter Männern auf die Probe stellt und schlimmstenfalls beendet, hat den beiden offenbar nie etwas ausgemacht. Im Gegenteil, Erwin glaubt, seine «faustische Gelehrtenstube» und Thomas' «elitäres juristisches Milieu» würden sich sogar ergänzen: «Ich zerbreche mir bei der Lektüre über dieses oder jenes tagelang den Kopf, und er löst es in Stunden. Er durchdringt manches durch eine weltläufige Lebensart, die er sich als Anwalt leisten kann. Allerdings sitze auch ich nicht nur am Schreibtisch, sondern komme als Journalist ein wenig herum in der Welt, so wie Thomas nicht nur im juristischen Milieu zu Hause ist. Beides ist belebend: das Anderssein und die Wahlverwandtschaft.»

Wenn er seine Begegnung mit Thomas in Worte fassen will, spricht Erwin von einem wundersamen Moment und sogar von einem «Geschenk des Himmels», einer Glückssache: «Es ist vielleicht das Glück des Tüchtigen, dass man nach Salem kommt und denkt: Das ist einer, der passt zu dir. Und dass man die Gelegenheit beim Schopfe packt und eine Freundschaft einfädelt, die jetzt schon ein Vierteljahrhundert hält. Am Ende könnte man sagen, im theologischen Sinn, es ist vielleicht sogar ein Akt der Gnade. Aber das ist vielleicht zu pathetisch.» Es ist ganz sicher pathetisch, von Gnade zu reden, aber Pathos gehört – das sollte inzwischen hoffentlich klargeworden sein – zur Männerfreundschaft elementar dazu. Nicht nur zu der von

Erwin und Thomas, auch zu der von Walter und Richard in Franzens «Freiheit» oder zu den Freundschaften der Männer, die Springsteen besingt. In der Regel aber beschwören Thomas und Erwin diesen wundersamen Moment ihrer Begegnung gar nicht – sie reden überhaupt wenig von den alten Zeiten, sagt Thomas, und auch nur selten von dem, was sie aneinander haben: «Ich glaube, da ist in jedem von uns eine gewisse Restspießigkeit – oder nennen wir es bundesrepublikanische Sachlichkeit –, eine gewisse Scheu, ins Gefühlige abzugleiten.»

Trotzdem ist den beiden klar, dass ihre Freundschaft alles andere als selbstverständlich ist. «Ich verdanke Erwin sehr viel», erklärt Thomas. «Hätten wir uns nicht kennengelernt, wär's um mich in vielerlei Hinsicht, vor allem kulturhistorisch und kulinarisch, armseliger bestellt.» Es ist ein sehr, sehr langer Spaziergang von diesen Bekenntnissen zu den komischen ökonomischen Metaphern eines Carsten Maschmeyer, aber auch zu den neurowissenschaftlichen Erklärungsmustern menschlichen Sozialverhaltens, wie Manfred Spitzer sie anwendet. Der eine, Maschmeyer, will Freundschaft ausrechnen, der andere, Spitzer, sie auf Körperfunktionstüchtigkeit zurückführen. Beide übertragen sie menschliches Verhalten auf Modelle, die einzuhalten Zufriedenheit und Erfüllung quasi naturgemäß mit sich brächten. Erwin und Thomas aber freuen sich gerade über das Nichterklärbare an ihrer Freundschaft. Über das Zufällige, das Inkommensurable, die Großzügigkeit ohne Gegenleistung. Das gefällt mir. Ratloses Staunen ist so viel ehrlicher und auch realistischer, wenn es klappt, dass zwei Menschen sich verbinden, viel ehrlicher, als Zwangsläufigkeiten und Gesetze im menschlichen Verhalten zu konstruieren, wie Maschmeyer und Spitzer das tun. Und überhaupt ist es um einiges interessanter und origineller, wenn große Gehirne über die Begabung zur Freundschaft nachdenken, als die Begabung zur Freundschaft an der Größe des Gehirns zu messen.

«Es gibt niemand», sagt jedenfalls Erwins Freund Thomas, «mit dem ich die Dinge so gut auf den Punkt bringen kann. Erwin weiß zu hundert Prozent, was ich meine, und umgekehrt. Es ist eine Freundschaft der Gegenwart. Das ist das Besondere.» Und es ist eine besonders intellektuelle Freundschaft. Wenn man den beiden zuhört, spürt man durchaus die Jahre, die sie dann doch in Bibliotheken verbracht haben müssen, die Bücher, die sie gelesen, die Klöster und Kirchen und Museen, die sie auf gemeinsamen Reisen besucht haben. Erwin und Thomas neigen zur Theoriebildung, das geben sie sofort und auch ein bisschen stolz zu, aber es sind eben Theorien über die Zisterzienser genauso wie über die Frauen und roten Burgunder und die richtige Art, ein Steak zu braten. «Der Kreis an Themen ist grundsätzlich unbegrenzt», sagt Thomas. «Unsere Theoriebildung ist universell.»

Da bewohnen zwei Männer also gemeinsam ein Universum, zu dem nur sie Zutritt haben. Es geht in den Gesprächen von Erwin und Thomas zwar eher um Petrarca als um Bruce Springsteen, aber dieser «place of our own», von dem Bruce Springsteen in «No Surrender» gesungen hat, dieser Ort, den sich die zwei Freunde mit Gitarre und Schlagzeug irgendwo in der Welt schaffen: Bei Erwin und Thomas ist er mir wieder begegnet, deutlicher als bei den anderen Freunden. Ein Ort für sich allein. Ein eigenes Zimmer. Die Fahrerkabine eines Autos. Das kleine Segelboot in einem Meer an Möglichkeiten. «Oasen», sagt Michel. Ein Kosmos, sagt Erwin. Ein hermetischer Raum, meint Thomas Karlauf. Eine Sphäre, in die man hinüberwechselt, wenn man zu zweit ist. Vielleicht ist auch das ein Grund, warum man in so vielen Geschichten von besten Freunden das Motiv der Flucht findet, wie bei den Seglern Uwe und Dschingis in «Nordsee ist Mordsee» oder bei Huck und Tom. Weil es nicht nur darum geht, vor prügelnden Väter oder aus fiesen Verhältnissen abzuhauen: Eskapismus ist auch ein äußerst wirksames Überlebensmittel. Ja, mehr noch, Eskapismus ist eine Lebenshaltung. «Et in Arcadia Ego», so hat Evelyn Waugh das erste Kapitel von «Wiedersehen mit Brideshead» genannt: Es erzählt von den Tagen in Oxford, als sich Charles und Sebastian kennenlernen und einen Krug voll Gold an den Orten vergraben wollen, wo sie glücklich waren. Auch ich in Arkadien: Das ist der Wunschort aus der griechischen Mythologie, an dem alle Zwänge außer Kraft gesetzt sind, an dem die Menschen frei leben können, in den Tag hinein. Die

Antike hat sich Arkadien als Idyll voller Harfen und Panflöten ausgemalt – ich stelle es mir lieber als eine autonome Republik mit Schlagzeug und elektrischen Gitarren vor.

«Es ist ein großer Hedonismus», sagt Erwin über seine Freundschaft mit Thomas, «neben der wirklichen Welt noch eine zweite Welt durch das Gespräch zu erzeugen, zu verdreifachen und zu vervierfachen, räumlich und zeitlich.»

Freundschaft heißt, sich autonom zu machen. Das habe ich in all den Gesprächen für dieses Buch gelernt, und es deckt sich mit dem, was ich selbst erlebt habe, von Anfang an. Der kleine Kreis, der *closed shop* des Spezialgeschmacks, den man mit seinem besten Freund bildet, das Paralleluniversum: Das ist Ausdruck von Eigensinn wie von Souveränität. (Der Souveränität übrigens auch, hinzunehmen, wenn der eine die Bücher und Platten und Filme des anderen mal nicht mag.) Freundschaft ist eine autonome Republik, weil sie den Regeln und Mustern nicht folgt, in denen sich Gesellschaften sonst organisieren, weil sie keine ihrer Pflichten und Notwendigkeiten kennt; dieser Bund muss vor keinem Standesamt verbürgt werden, er steuert dem Bruttosozialprodukt nichts bei, er nützt auch demographisch keinem was. Er hat nichts mit Natur zu tun, dafür viel mit Selbstermächtigung und Emanzipation. Mit Phantasie, wenn das nicht so ein schrecklich verbrauchtes Wort wäre. Mit Glück und Zufriedenheit. (Und das strahlt ja ab, das kann am Ende nur für alle gut sein.) Deswegen teile ich auch die Zweifel nicht, die Hannelore Schlaffer hat, wenn sie von ihren gehetzten jüngeren Kollegen erzählt. Je schwieriger und komplizierter die Verhältnisse werden, in denen wir leben, umso größer wird dann eben auch unser Bedürfnis nach Autonomie. Man muss sich nicht wappnen gegen soziale Medien oder Computer oder Chatrooms, eher schon gegen Leute wie Carsten Maschmeyer, die den freien Raum, der sich zwischen zwei Freunden bildet, zu infiltrieren versuchen mit exakt der ökonomisierten Denkungsart, vor der sich Freunde an diesem Ort eigentlich schützen wollen.

Und deswegen bin ich absolut sicher, dass Freundschaft auch weiterhin, auch in einem immer komplexeren Alltag möglich sein wird. Denn je komplexer, je krisenhafter es zugeht, desto größer wird auch die Notwendigkeit, dem zu trotzen, zu zweit an einem Ort, der sich nicht enteignen und korrumpieren lässt. Die Freiheit dieses Ortes ist eine, wie sie sich kein Neoliberaler je wird vorstellen können.

«Je finsterer das Menschenbild, umso mehr Chancen hat die helle Erfahrung der Freundschaft», sagt der Philosoph Rüdiger Safranski und fährt fort: «Man tut allerdings der Freundschaft einen großen Gefallen, wenn man sie als eher unwahrscheinliches Gewächs betrachtet.» Safranski hat vor ein paar Jahren ein Buch über die Freundschaft zweier besonders unwahrscheinlicher Gewächse geschrieben: Schiller und Goethe. Die besten Freunde der Weltliteratur. Die Stars des späten 18. Jahrhunderts. Die Superhirne von Weimar. Aber auch die Verbindung dieser beiden Dichter war nicht frei von Interessen: Dass sich zwei Originalgenies wie Goethe und Schiller miteinander anfreundeten, das musste ja für beide nützlich sein. Konkurrenten, die sich zusammentun: Unschlagbar! Und so kommt es dann auch. Sie inspirieren sich zu Büchern und schaffen gemeinsam eine ganze Epoche: die Weimarer Klassik. Sie helfen sich. Der eine lernt vom anderen, was er nicht kann. Der eine begreift die innersten Regeln der Natur, der andere nimmt die Freiheit selbst in die Hand. Große Werke entstehen, die «Xenien», «Wilhelm Tell». Und als Schiller 1803 stirbt, spricht Goethe wie Montaigne: Er habe die Hälfte seines Daseins verloren, schreibt er dem Altersfreund Zelter. Ein Glück, dass er den noch hat.

Man hält Konkurrenz gemeinhin für den Gegner von Freundschaft. «We hate it when our friends become successful», singt der englische Popkünstler Morrissey in einem bitterbösen, vermutlich sehr ehrlichen, autobiographischen Lied: «And if we can destroy them / You bet your life we will / Destroy them / If we can hurt them.» Die soziologische Forschung bestätigt das: Statuswechsel gefährden die Freundschaften zwischen Männern und beenden sie häufig sogar, der eine steigt auf, der andere nicht – und wenn sie sich noch so gemocht haben, dieses Missverhältnis verkraften sie nicht. (Und wenn der eine Freund von Anfang an besser dran war als der andere, der dann aber gleichziehen kann, muss das auch nicht gut ausgehen, wie man an Werner Coninx und Max Frisch sieht.) Die Weimarer Originalgenies Goethe und Schiller dagegen entschließen sich, über Konkurrenz erhaben zu sein. Safranski zitiert Goethe: «Neigung», habe der geschrieben, «ja sogar Liebe hilft alles nichts zur Freundschaft, die wahre, die tätige, produktive, besteht darin, dass wir gleichen Schritt im Leben halten, dass er meine Zwecke billigt, ich die seinigen und dass wir so unverrückt zusammen fortgehen.» In diesem Satz klingt fast wörtlich an, was mir Jonathan Franzen über seine Freundschaft zu David Foster Wallace gesagt hat: «Wir hatten zwar unsere Schwierigkeiten, aber die entstanden nicht aus Konkurrenz. Die Tatsache, dass wir uns davon nicht abhalten ließen, dass wir beide unsere Stärken hatten, bei denen der andere nicht mithalten konnte: Das zählte von Anfang an, das war fast die Grundlage unserer Freundschaft. Ich fiel nie so richtig weit zurück, er fiel nie so richtig weit zurück. Sein Leben endete in einer Phase, als er damit rang, es hinzubekommen, und mir gleichzeitig dabei zusah, wie ich es weiter hinbekomme. Ich selbst wiederum bin Mitte der neunziger Jahre durch eine dunkle Phase gegangen, blieb stecken, während er mit ‹Unendlicher Spaß› vorankam. Aber das hat mich nie dazu gebracht, nicht mit ihm befreundet sein zu wollen.»

Das Fundament einer Männerfreundschaft kann also auch darin bestehen, sich von Konkurrenz eben gerade nicht abhalten, nicht stören zu lassen. Die

«Zeit» hat Rüdiger Safranski gefragt, was er aus der Beschäftigung mit Schiller und Goethe gelernt habe, und der antwortete: «Dass es möglich ist, das Leben zu formen. Dass die beiden trotz der Gegensätze und auch der Animositäten sich durch Willenskraft für diese Freundschaft entschieden und das dann so produktiv gestalteten. Das ist Sabotage am üblichen Lauf der Dinge oder, um auch Philosophen verständlich zu bleiben: an der Kontingenz – und das ist immer schön.» Wenn Safranski sagt, dass Goethe und Schiller den üblichen Lauf der Dinge umgangen haben, dann bezieht er das sicher vor allem auf die hingenommene, ignorierte Konkurrenz. Aber Sabotage, Kontingenzüberwindung, Lebensformung – das sind auch schöne Beschreibungen für das, was immer wieder passiert, wenn zwei Freunde sich finden, sie müssen gar nicht vom Kaliber Goethe und Schiller sein: «Plötzlich baut sich in so einem Gespräch ein ganzer Kosmos auf», sagt Erwin (der übrigens seine Doktorarbeit über Goethe geschrieben hat). «Vielleicht ist es sogar ein quasidialogisches System. Die Theologie macht ja auch nichts anderes, als den Menschen in einen gesicherten Kosmos einzuordnen. Das machen wir beide natürlich nicht bewusst, aber die Technik ist vielleicht dieselbe. Religion im christlichen Sinne baut auf einem Buch mit zweitausend Seiten auf – auch wir erzählen einfach eine Story von der Welt und vom Kosmos und betten uns damit in eine riesige Raum-Zeit-Dimension ein.»

Das, was beste Freunde aneinander haben, ist erst

mal eine gute Geschichte. Was passiert, verwandelt sich in einen Text, an den man sich halten kann.

Mir hat das Spaß gemacht: das Spekulative, das Seiltänzerische an dieser großen Theorie, die Erwin über seine Freundschaft mit Thomas entwickelt. Dieses etwas verrückte Sonderbewusstsein. Man kann es belächeln, aber es ist doch ein schönes Risiko, ein Abenteuer: Das Leben nicht in den drei Dimensionen zu sehen, die es gibt. Den üblichen Lauf der Dinge zu sabotieren. Prinzipiell erst einmal alles für gleichberechtigt lebendig zu halten, auch Bücher und Filme und Musik. Ein unlangweiliges Leben zu führen, bei dem Bücher und Filme und Musik einen auf Schritt und Tritt begleiten. Thomas hat Erwins Kosmonautenflug in unserem Gespräch dann wieder etwas geerdet, nüchterner klang er dabei aber auch nicht: «Im Grunde», erzählte er mir, «gehen wir auf einem sehr breiten Kiesweg in einer schönen Landschaft.» Ihr ständiger Begleiter ist übrigens Homer. Auch so ein Dichter der Roadtrips, der Helden auf großer Fahrt.

Ein anderer ständiger Begleiter der beiden ist der Humor. Darauf legen Thomas und Erwin Wert (genau wie Michel und Manfred übrigens, zwischen denen es zwar von Anfang an um die großen Fragen des Lebens gegangen sei, die aber eben auch gelacht und, wo es nur ging, Fußball gespielt hätten – das schreibt mir Manfred extra noch mal). Anders als mit Ironie ist das Abenteuer der Freundschaft vielleicht auch gar nicht auszuhalten. Als Übersprungshandlung, als *comic re-*

lief für das eigenartige Gefühl, einen Lebensgefährten zu haben, mit dem man nicht verheiratet ist.

Ein anderer großer Schriftsteller des Roadtrips ist der Amerikaner John Green. Er hat in seinen Romanen, die von Jugendlichen erzählen, aber nicht nur von Jugendlichen gelesen werden, immer wieder von der «Tschick-Situation» erzählt, wie Manfred sagen würde: wenn Freunde in einem Auto auf engstem Raum unterwegs sind und in dieser Bewegung von zu Hause weg etwas über ihr Leben erfahren. Meistens erleben sie Abenteuer, oft aber, wie in Greens bislang schönstem Buch «Paper Towns», zu Deutsch «Margos Geheimnis», wagen sie riskante Manöver, die sie an die Grenze ihrer Belastbarkeit führen, und immer müssen sie diese Proben mit ihren Freunden durchstehen. Eine Freundin ist gestorben, davon erzählt «Eine wie Alaska», eine Freundin ist verschwunden, davon erzählt «Margos Geheimnis», eine Freundin wird sterben, davon erzählt «Das Schicksal ist ein mieser Verräter», eine Freundin hat Schluss gemacht, genau wie die achtzehn Freundinnen vorher, davon erzählt «Die erste Liebe (nach 19 vergeblichen Versuchen)»: Es geht bei John Green, der mal Pastor werden wollte und ein großer Fan von David Foster Wallace ist, um Verlust, um den Tod, und die Freunde in seinen Büchern finden die Antworten auf ihre letzten Fragen immer wieder auf Roadtrips.

Ich habe Green einmal zu einem Interview getroffen und ihn gefragt, warum er das immer wieder tut:

Warum er Freunde in Autos steckt und auf die Straße schickt, dem Unbekannten entgegen, dem «Großen Vielleicht», wie es in einem seiner Bücher in Anlehnung an François Rabelais' letzte Worte heißt. Green antwortete, diese Situation im Auto sei für ihn die *conditio humana*. Die Enge des Raums, aus der man nicht wegkann, zwinge einen dazu, mehr über sich selbst herauszufinden: Man steckt in diesem Auto fest, also beginnt man zu reden, was sollte man sonst tun? «Wenn man sechzehn, siebzehn Jahre alt ist, versteht man noch nicht so richtig, wie Freundschaft funktioniert», erklärte mir Green. «Sie ist eine große Sache, aber sie ist auch zerbrechlich. Man kann nicht einfach zu seinem Freund gehen und ihm sagen: Ich liebe dich, und jetzt unterschreib bitte diesen Vertrag hier, der vereinbart, dass wir für immer beste Freunde bleiben. So etwas sagt man seinen Freunden ja nicht!» (Es sei denn, man heißt Jonathan Franzen.) «Mir geht es heute noch genauso wie damals. Ich habe einen besten Freund, und ich denke oft: Mann, ich bin so glücklich, dass ich ihn habe, ich will ihn auf keinen Fall verlieren – aber so was würde ich ihm natürlich nie sagen.»

An dieser Stelle musste John Green, der Mitte dreißig ist, lachen. Seinem Bruder Hank, mit dem Green einen gemeinsamen Videoblog betreibt, hat er am Telefon mal aus Versehen «Ich liebe dich» gesagt, weil er in Gedanken bei seiner Frau war: Wie seltsam sich das anfühlte, haben die beiden Brüder dann gleich in aller Öffentlichkeit auf Twitter geklärt; in ihrem Blog müssen sie ständig Mutproben bestehen, dazu gehört regelmäßig, «ich liebe dich» zum Bruder zu sagen: Wie sie sich da winden, ist sehr lustig anzuschauen. Aber es ist ja auch etwas Besonderes, selbst zwischen Geschwistern, vielleicht gerade zwischen ihnen. Auf einer Hochzeit habe ich mal erlebt, wie der Bruder des Bräutigams seine Rede mit «Ich liebe meinen Bruder» begann – woraufhin der ganze Saal in Applaus explodierte, hundertzwanzig Gäste, die offenbar genau wussten, wie selten und schwer einem so ein Satz über die Lippen geht.

«Es ist natürlich wichtig, hilfreich und nützlich, seinen Freunden zu erzählen, was man für sie empfindet», sagte Green in unserem Gespräch. «Und gemeinsam zu erkennen, wie bedeutend diese Freundschaft ist. Für das Selbstwertgefühl von Teenagern spielen Freunde eine sehr große Rolle. Die Sicherheit, die Freunde einem geben. Man spürt diese Sicherheit umso stärker, wenn man darüber redet. Das kann natürlich unangenehm sein. Aber es ist sehr wichtig.» Und deshalb, fragte ich, stecken Sie die Freunde in Ihren Büchern immer wieder in Autos? Weil sie dort, auf engstem Raum, dem anderen nicht mehr ausweichen können? Weil die Nähe zueinander dann gewissermaßen unübersehbar wird? «Mich interessiert», antwortete Green, «dieser Augenblick, wenn beste Freunde dazu gezwungen sind, sich gegenseitig zu versichern, wie wichtig sie füreinander sind. Also führe ich solche Situationen in meinen Geschichten ständig herbei.»

Ein Schriftsteller, der sich windet, seinem Freund oder seinem Bruder ins Gesicht zu sagen, was er für ihn empfindet, forciert solche Bekenntnisse in seinen Büchern, um dort dann herauszufinden, was dabei eigentlich passiert: interessant. Noch interessanter als diese Schwüre und Bekenntnisse fand ich allerdings, dass die Freunde in Greens Romanen offenbar einen Ortswechsel und Bewegung brauchen, um sich überhaupt artikulieren zu können. Dass ihnen dieser engste Raum überhaupt erst die Zunge löst. Und sie sich unterwegs plötzlich darüber klarwerden und dem anderen klarmachen können, was sie fühlen. Wie notwendig dieser Augenblick des Übertritts ist. Die Transgression. «Rites of passage» nennt man im Englischen das, was man auf dem Weg zum Erwachsensein durchqueren muss.

Man findet diese Sache mit den Ortswechseln natürlich nicht nur in Büchern über Freunde, wie John Green sie schreibt: Michel, der mal Autorennen gefahren ist, auch wenn Manfred das immer für überflüssig und gefährlich hielt, schwärmt bis heute von der Bewegung, der Fahrt, der Geschwindigkeit, die irgendwie, er weiß auch nicht, warum, eine bestimmte, besondere Atmosphäre schaffe. Eine magische Vertrautheit, in der dann eigentlich gar nicht mehr gesprochen werden müsse – auch wenn John Green das für das Ziel der Übung hält. Als Michels Vater kurz vor Weihnachten 1964 stirbt, steigt der Sohn nach der Beerdigung in sein Auto und fährt los. Er ist verwirrt, befreit, überfordert, er will Abstand zwischen sich und das Unglück bringen, er will durchatmen können, und er kann das mit jedem Meter mehr. Am Ende der Fahrt wartet Manfred in Köln auf ihn.

Die Bewegung als Medium einer Geschichte. Der Weg, den man gemeinsam zurücklegt, wird zu der Geschichte, die man miteinander erlebt: Auch das gehört zu den Geheimnissen der Freundschaft. Man könnte es auch mit der schlimmstmöglichen aller Goethe-Kalenderspruchweisheiten sagen: «Man reist ja nicht, um anzukommen, sondern um zu reisen.» Warum also Roadtrips? Weil in diesen Automomenten und Segelbootsituationen die zweite Welt ihre Konturen zeigt, die sonst nur unsichtbar präsent ist, wann immer zwei Freunde zusammen sind. Weil die Aura der Freundschaft hier fast mit Händen greifbar wird.

Aber anders als die Figuren von John Green haben die besten Freunde meines Buchs auf dem Weg, den sie seit Jahren gemeinsam zurücklegen, meistens nicht über diesen Weg geredet. «Es ist nicht so, dass wir es artikuliert haben, während wir es genossen», sagt Manfred über die fünfzig Jahre Freundschaft zu Michel – und dass er von Genuss spricht, zeigt mir, dass er das Hedonistische daran erkennt. Mitchell sagt übrigens das Gleiche über seine Freundschaft zu Michael Kimmel: Sie haben nicht besprochen, was sich da zwischen ihnen entwickelte, es gab zu viele Dinge, die wichtiger waren. Heute tun sie das vielleicht, im Alter, aber sie taten es nicht, als sie mittendrin steckten. Auch

Thomas und Erwin schwelgen nicht in Erinnerungen, klopfen sich nicht auf die Schultern, «unsere Freundschaft», sagt Thomas etwas juristisch, «beruht eher auf der fortlaufenden Aktualisierung eines gemeinsamen Grundverständnisses». Man muss es vielleicht auch gar nicht aussprechen, während man sich aufmacht, während es passiert. Aber es tut trotzdem gut. «Wir waren unterwegs», schreibt Wolfgang Herrndorf in «Tschick», «und wir würden immer unterwegs sein, und wir sangen vor Begeisterung mit.»

Freunde erschaffen also eine zweite Welt, wenn sie zusammenkommen und sich gemeinsam auf den Weg machen. Eine zweite Welt, in der sie autonom sind und handeln können, jenseits von Optimierungen, Interessen, Zwängen, Druck, von der Realität der Hirnforscher und den Erfolgsrezepten der Ratgeber. Über diese «zweiten Welten» und ihre Wechselwirkungen auf die erste, sogenannte wirkliche Welt hat der Wiener Philosoph Robert Pfaller 2012 ein gleichnamiges Buch geschrieben, «Lebenselixiere» nennt er sie darin.

Pfaller beginnt seine Überlegungen mit einem Zitat der italienischen Schriftstellerin Natalia Ginzburg: «Warum wir nicht so leben, wie wir träumen, und warum wir trotzdem träumen müssen», hat sich die in ihrem Erzählungsband «Das imaginäre Leben» gefragt. Pfaller gefällt diese Frage auch deshalb, weil man sie nicht als Vorwurf verstehen sollte. Normalerweise ist das ja so: Man bedauert das Zögern und die Zaghaftigkeit. Man schämt sich der unverwirklichten Träume.

Man hält sein Leben für entfremdet, wenn man nicht umsetzt, was man sich erhofft: hinzuschmeißen zum Beispiel, auszusteigen, neu zu beginnen. «Ich lebe meinen Traum», das sagen Kandidaten von Castingshows oft – der Satz ist mittlerweile eine Art Mantra der Selbstoptimierer geworden.

Wir leben nicht, wie wir träumen, aber wir müssen trotzdem träumen: Interessant und schön daran, erklärt Robert Pfaller, sei «der Gedanke von der Unvermeidlichkeit einer zweiten Welt. Die erste Welt scheint es regelmäßig mit sich zu bringen, dass wir den Traum von einer zweiten, anderen entwickeln müssen – nämlich um eben in der ersten zu leben.» Und interessant und schön an Pfallers Gedanken ist, dass er nichts an diesem zweiten Leben suspekt findet, unerwachsen, lächerlich. Im Gegenteil, er bekräftigt die Notwendigkeit der zweiten Welt: «Nur ein geträumtes Leben, das sich vom gelebten unterscheidet, ist in der Lage, uns in diesem verharren zu lassen.»

Jeder Mensch lebt auch in einer solchen zweiten Welt, behauptet Pfaller, und manchmal ist es die erste eines anderen. «In Beziehungen scheint es noch verwickelter. Manchmal hat man offenbar den anderen, damit der stellvertretend für einen selbst die zweite Welt als seine erste übernimmt. Der andere hilft einem so, seiner eigenen zweiten Welt nicht direkt, als der eigenen, ins Auge blicken zu müssen.» Wenn Pfaller von Beziehungen redet, meint er vermutlich erst einmal Partnerschaften, aber es passt auch auf Freunde. Thomas hat es so ausgedrückt: «Erwin verkörpert die von mir herbeigewünschte, aber – zumindest professionell – nicht realisierte intellektuelle Perspektive. Ich bin nun mal Jurist. Im juristischen Kontext denke und schreibe ich die meiste Zeit des Tages. Erwin ist gewissermaßen meine soziokulturelle Tankstelle. Und umgekehrt tankt er bei mir etwas von der Dynamik eines Wirtschaftsanwalts.»

Dass er ausgerechnet eine Auto-Metapher wählte, dürfte Zufall sein. Oder auch nicht. Ich fand es jedenfalls auf unheimliche Weise passend, dass Thomas seine Freundschaft zu Erwin mit einer Tankstelle vergleicht. Es gibt da nämlich ein berühmtes Gemälde von Edward Hopper, «Gas» von 1940, das Original hängt im Museum of Modern Art in New York – und eine Reproduktion bei mir zu Hause an der Wand. Ich schaue Hoppers Bild an, während ich diesen Satz schreibe. Das ganze Buch ist vor diesem Bild entstanden. Es zeigt eine Tankstelle in der Nacht. Das elektrische Licht des Kassenhäuschens, der Zapfsäulen und der «Mobilgas»-Reklame erleuchten die Szene. Der Tankstellenwärter richtet die Schläuche, vielleicht hat er gerade einen Kunden bedient, vielleicht auch nicht. Die Straße hinter ihm ist leer und führt in einen Wald hinein. Interpreten haben «Gas» als *memento mori* gedeutet: Kein Zweifel, schrieb zum Beispiel der amerikanische Lyriker Mark Strand über das Bild, «wohin wir – Reisende wie Betrachter gleichermaßen – auf diesem Korridor unterwegs sind.» Der Tankstellenwärter wäre demnach Charon, der Fährmann des Todes und Begleiter auf dem letzten Teil der Strecke.

Ich erkenne etwas ganz anderes in Hoppers Bild. Keine düstere, moribunde Hoffnungslosigkeit, sondern das komplette Gegenteil: Aufbruch. Sehnsucht. Optimismus. Los! Nur weg! *Baby, we are born to run!* Als Hopper dieses Bild malte, war das Benzin in Amerika knapp, er konnte nicht mehr so oft, wie er wollte, von New York zu seinem geliebten Ferienhaus auf Cape Cod hinausfahren. Die Straße, an der diese Tankstelle steht, führt geradewegs in die zweite Welt hinein. Und der letzte Kunde des Wärters ist auch nicht eben weitergefahren, im Gegenteil, er kommt erst noch: Es könnte Bruce Springsteen sein, der Volltanken-bitte-Sänger. Maik und Tschick könnten es auch sein oder die Jungs aus John Greens Büchern. Oder Michel, ganz allein, der mit seinem Lastwagen doch noch abgehauen ist, statt ihn zurück zur Niederlassung zu bringen.

Edward Hopper hat übrigens auch oft Segelboote gemalt.

Wir halten es aus, unser Leben, genießen es, weil wir mit dem anderen Bein immer in einer anderen Wirklichkeit stehen. Und das, was uns dort erwartet und was wir dort anstellen, in dieser geträumten, anderen Wirklichkeit, ist nicht weniger existenziell bedeutsam und inspirierend. Die Männerfreunde in diesem Buch verstehen, wovon hier die Rede ist: Vom geträumten, nie verwirklichten Plan der Flucht. Vom herbeigeredeten Kosmos, dessen Sprache nur die beherrschen, die ihn herbeireden. Von der Aura, die entsteht, wenn man sich trifft. Freundschaft ist, in Pfallers Sinne, auch ein Lebenselixier. «Es ist ergänzend, bereichernd und entlastend», hat der Kosmonaut Erwin über seine Freundschaft zum Kosmonauten Thomas gesagt. Und Michel ist natürlich überhaupt kein Feigling, obwohl er damals, als Lehrling, mit dem Lastwagen nicht abgehauen ist, als sich die Chance bot, als die Straßen vor ihm frei waren, der Sommerabend schön und er noch jung war. «Ich war allein, zu feige, zu vernünftig!?», hat er in seinen Lebenserinnerungen geschrieben. Der Vorwurf in diesem Satz ist unüberhörbar. Aber er ist überhaupt nicht angebracht. Denn Michel hatte ja Manfred, dem er davon erzählen, mit dem er davon träumen konnte, wie es gewesen wäre, wenn. Das reichte. Das war mehr als genug. Das war vielleicht sogar noch besser.

Wir sind trainiert darauf, den eigenen eskapistischen Neigungen zu misstrauen, die Träume irgendwann abzuschütteln, Vernünftigkeit für das richtige Mittel zu halten, um erfolgreich und selbstbestimmt durch unser Leben zu steuern – und all das für angemessen, authentisch, erwachsen zu halten. Das ist aber zu eng gedacht. Und jede wahre, beste Freundschaft – ineffizient, an keinem Profit orientiert, nur an der gegenseitigen Glücksvermehrung interessiert, zweckfrei, überhaupt komplett frei, eine Sabotage am üblichen Lauf der Dinge – scheint mir das zu bestätigen.

«Das ist doch alles ganz normal», sagte Michel, der Rennfahrer und Powerslider, als ich ihm gratulierte zu dieser wunderbaren, lebenslangen, nicht immer einfachen, erfüllten Freundschaft mit Manfred. Er klang fast empört dabei. Und er hat ja auch recht, es ist ganz normal. Aber das ist zugleich das Wunderbare daran: Es ist ganz normal, weil es Abermillionen bester Freunde gibt, die mal im Auto irgendwo hingefahren sind und das genossen, die auf langen Spaziergängen die Welt einmal auf den Kopf und wieder zurück gestellt haben, Millionen mehr Freunde, als in diesem Buch vorkommen, eine Weltbibliothek voller Lebensgeschichten solcher Freunde: Aber jede einzelne ihrer Geschichten ist eine Antwort auf die ewige Frage, was Selbstbestimmung ist und Freiheit.

DIE JUNGEN PIONIERE (UND DIE ALTEN)

«He was the kind of guy who was always telling you what kind of guy he was.»
JOHN JEREMIAH SULLIVAN

Es ist mir neulich schon wieder passiert.

Da war ich auf einer Recherche unterwegs, ein Termin in einer anderen Stadt. Und als ich abends wieder im Flugzeug saß, hatte ich zwar nicht gerade einen neuen Freund gewonnen, so schnell geht es ja dann doch nicht, aber wieder diese rätselhafte, irritierende, wunderbare Erfahrung gemacht, jemanden kennenzulernen, mit dem man sofort unbedingt mehr Zeit verbringen möchte: ungefähr gleichaltrig, ungefähr die gleichen Interessen. Ich war zwar noch ein paar anderen Männern bei meinem Termin begegnet, auf die das genauso zutraf, aber unter ihnen eben nur einem, mit dem ich an diesem Tag dann immer wieder und immer länger geredet habe. Am Ende haben wir Adressen ausgetauscht und uns seitdem ein paar Mal E-Mails geschrieben, ich weiß nicht, was daraus wird, aber egal, was, es fühlte sich einen Tag lang wie der Anfang von etwas an.

Und das, glaube ich, ist entscheidend dabei. Der Anfang. Das Neue. Die Vorfreude. Das große Vielleicht. Die entscheidenden Fragen zum allerersten Mal klären zu müssen. Nein, klären zu dürfen: Denn es macht ja Spaß, sie mal wieder zu beantworten: aufzuzählen, woran man vielleicht selbst lange gar nicht mehr gedacht hat, und die Reaktionen darauf zu testen – welche Platten, welche Filme, welche Bücher, welcher Fußballverein? Große Fragen, hinter denen sich noch viel größere verstecken, die man einem Wildfremden natürlich nicht sofort stellen kann: Woher kommst du, wo stehst du? Ein Risikoaugenblick, in dem man sich aus Begeisterung kurz gegenseitig ein bisschen auffrisst. Das könnte natürlich auch schiefgehen, der andere könnte alles missverstehen, vielleicht will er nur höflich sein, wenn er dir antwortet, vielleicht ist er am Ende sogar doof und ein Langweiler (oder du selbst bist für ihn der doofe Langweiler). Aber in diesem Augenblick scheint alles möglich, weil alles so neu ist. Man steht da an einer Schwelle. Und geht noch nicht herüber.

Je älter Männer werden, behauptet die Wissenschaft, desto seltener trauen sie sich aber, über diese Schwelle zu gehen. Desto seltener gelingt es ihnen, neue Freunde zu finden. Je älter Männer werden, desto weniger wagen sie auch das Risiko, sich einem anderen zu öffnen und anzuvertrauen. Man muss sich dabei ja zum Beispiel etwas kleiner machen, als man ist, muss sich zurücknehmen, und das fällt Männern mit ihrem Statusbewusstsein offenbar mit den Jahren immer schwerer. «Intimität setzt eine gewisse Unschuld voraus», erklärte mir Michael Kimmel. «Und eine gewisse

Naivität. Im Grunde muss man sich sogar naiver stellen, als man ist. Man muss dem anderen vorbehaltlos entgegentreten. Man muss ihm wie ein unbeschriebenes Blatt erscheinen. Aber je älter man wird, desto mehr schleppt man mit sich herum, an Erfahrungen, die zu einem gehören. Die Checkliste der Dinge, die man abhaken muss, bevor man sich mit jemand anderem anfreunden will, wird immer länger.»

Kinder sind da offenbar anders. Sie haben keine Checkliste. Ihr Blatt ist noch unbeschrieben. Michaels bester Freund, der Kinderarzt Mitchell, hat das ja damit erklärt, dass sie keine vorgefasste Meinung besäßen, was ein guter und was ein böser Mensch ist. «Sie sind großzügiger als wir Erwachsene», meinte Mitchell in unserem Gespräch. Er ist jetzt Anfang sechzig. Und er sagt: «Wenn ich auf die letzten zwanzig Jahre meines Lebens zurückblicke, muss ich feststellen: Eigentlich wurde es immer schwieriger für mich, mich mit anderen Männern anzufreunden. Natürlich gibt es Leute, die man bei der Arbeit kennenlernt, aber da will man lieber keine Freundschaften schließen, weil man nicht auch noch privat Zeit mit den Leuten verbringen will. Auf der Uni, wenn man jung ist und sich in vielen, unterschiedlichen Kreisen bewegt, geht das einfach viel leichter. Aber sobald man sich etabliert hat, sobald man Karriere macht und eine Familie gegründet hat, werden die Kreise immer kleiner. Dann muss man wirklich aus sich herausgehen, um neue Freunde zu finden.»

Da musste ich an ein anderes Gedicht von Donald Justice denken.

Men at Forty
Learn to close softly
The doors to rooms they will not be
Coming back to.

Männer mit vierzig lernen, sachte die Türen zu Räumen zu schließen, in die sie nicht mehr zurückkehren werden. An Treppengeländern spüren sie, so heißt es in den folgenden vier Strophen weiter, dass es sich unter ihnen bewegt wie an Deck eines Schiffs, auch wenn der Wellengang seicht ist. Im Spiegel erkennen sie das Gesicht des Jungen wieder, der heimlich versucht, sich die Krawatte des Vaters umzubinden. Auch das Gesicht des eigenen Vaters erkennen sie, immer noch gerötet vom geheimnisvollen Rasierschaum. Sie sind jetzt selbst mehr Väter als Söhne, erfüllt von etwas wie dem Geräusch der Zikaden in der Dämmerung, so immens, dass es die Wälder erfüllt, die sich hinter ihren hypothekenbelasteten Häusern erheben.

Justice war gerade vierzig geworden, als er «Men at Forty» schrieb, 1967, exakt an der Hälfte seines Lebens. Und darum geht es in diesem Gedicht wohl auch: Was auch immer ab jetzt kommen mag im Leben eines Mannes an diesem Scheitelpunkt, es wird weniger, nicht mehr.

Männer mit vierzig lernen, die Türen zu Räumen

sachte zu schließen, in die sie nicht mehr zurückkehren werden. Und zu diesen Räumen würde Justice wahrscheinlich auch die zählen, die Springsteen in «No Surrender» besungen hat. Die, die man sich mit Gitarren und Schlagzeug in der Welt schafft. Die zweiten Welten. Es sind jedenfalls keine Räume, die man in den «mortgaged houses» finden würde, von denen Justice in der letzten Zeile seines Gedichts spricht, wo der Alltag mit einem sehr hässlichen Wort in den elegisch-beiläufigen Ton dieser fünf Strophen kracht. «Men at Forty» ist ein Gedicht des Übergangs, des Abschieds in Würde, wenn es nicht am Ende doch Resignation ist. Oder stille Trauer. Denn die Männer schlagen die Türen ja nicht hinter sich zu, sie schließen sie diskret, als wollten sie niemanden stören. Aber wen eigentlich? Und muss man sie wirklich schließen? Wer sagt denn das? Und warum eigentlich schon mit vierzig?

Als ich an diesem Buch zu arbeiten begann, veröffentlichte der amerikanische Schriftsteller Louis Begley gerade den dritten Teil seiner Romane über Albert Schmidt. Wie sein Schöpfer Begley ist dieser Schmidt ein pensionierter Rechtsanwalt, wie Begley lebt er in Manhattan und auf Long Island. Schmidt ist ein reicher Mann, der seit dem Tod seiner Frau im Clinch mit der Tochter liegt, der eine viel, viel jüngere Geliebte hat und immer wieder versucht, sein konfuses Leben in den Griff zu kriegen – was ihm leichter fallen würde, wenn er nicht so ein pedantisches, manipulatives, selbstsüchtiges Ekel wäre (und ein Antisemit ist er auch noch dazu). Am Ende des dritten Romans sieht es so aus, als könnte es Schmidtie, wie ihn alle nennen, dann doch noch gelingen, sich zu fangen. Denn eine neue Frau, fast gleichaltrig, ist in sein Leben getreten. Aber vor allem, und darauf kommt es mir an, gibt es da nun auch einen neuen Mann: Mike Mansour, ein Milliardär, der dem etwas haltlos durch den Ruhestand driftenden Schmidt einen Job gibt. Schon seit dem zweiten Roman buhlt Mansour um Schmidts Freundschaft und lässt nicht locker, versucht es erst mit Tricks, dann mit Großzügigkeit und hat am Ende Erfolg. Es gibt allerdings noch einen anderen Mann in Schmidts Leben, Gil, der ist sogar sein bester Freund – was aber kein Kunststück ist, weil Schmidt sonst kaum jemanden an sich heranlässt, jedenfalls keine Männer. Er kennt Gil, der im Filmgeschäft ist, seit dem College. Ansonsten haben sich Schmidt und seine Frau immer nur mit anderen Paaren verabredet. Und jetzt ist Mike dazugekommen.

Ich fand es interessant, dass Begley in seinen Romanen einerseits ziemlich exakt zwei Varianten von Freundschaft im Leben älterer Männer beschreibt, wie man sie aus der Forschung kennt: den Uralt-Freund und die Begleiter der Freundinnen der Ehefrau. Aber andererseits schenkt Begley seinem Schmidt dann noch etwas, was Männern laut Forschung in diesem Alter eigentlich gar nicht mehr vergönnt ist: dass sich die Tür noch einmal öffnet zu einem Zimmer, das eigentlich längst verschlossen sein müsste. Ein neuer Freund, mit fast siebzig.

Also habe ich Louis Begley gefragt, wie es zu dieser späten Freundschaft im Leben von Albert Schmidt kam. Fehlte da etwas? «Mr. Mansour begann fast als Witzfigur, als Karikatur eines Milliardärs», antwortete Begley mir. «Aber je besser ich ihn dann kennenlernte, desto unwiderstehlicher wurde er für mich, und seine Rolle wuchs immer weiter. Ich denke über meine Figuren aber nicht in der Weise nach, wie Sie es tun. Es gibt sie nicht, weil in Schmidts Leben etwas fehlt. Es gibt sie, weil ich sie brauche, um meine Geschichte zu erzählen.»

Louis Begley ist Jahrgang 1933, etwa zehn Jahre älter als seine Romanfigur Albert Schmidt. Um aber nicht schon wieder die Literatur mit dem Leben zu verwechseln, fragte ich ihn nach seinen eigenen Erfahrungen und ob die sich mit dem decken würden, was die Wissenschaft über Freundschaft im Alter behauptet. «Was die Schwierigkeiten angeht, Freunde zu finden, je älter man wird: Genauso ist es», sagte Begley. Mehr verriet er leider nicht. Als ich ihn um ein Gespräch über beste Freunde gebeten hatte, schrieb er mir zuerst zurück, dass er solche Freunde nicht hätte. Jetzt präzisierte er das: «In der Tat gibt es eine Freundschaft in meinem Leben, die anfangs der zwischen Schmidt und Gil ähnelte, ich wäre in dem Fall in der Rolle Schmidts. Ich glaube, dass sich bei uns die Schalen der Waage mit der Zeit mehr und mehr ausgeglichen haben, aber er ist immer noch der Seniorpartner.» Und wie kam Gil in die Romane über Albert Schmidt? «Mir schien einfach plausibel, dass er so einen alten Freund haben sollte. Ein Mitbewohner aus Collegezeiten, das passte. So, wie sich die Beziehung zwischen den beiden entwickelt hat, sitzt Gil als Künstler naturgemäß am längeren Hebel. Schmidt muss sich mehr Mühe geben, um Gil nicht zu langweilen, er stellt auch keine übergroßen Ansprüche an ihn. Gil ist von entscheidender Bedeutung für Schmidt: der einzige Mensch, von dem Schmidt glaubt, dass er sich auf ihn verlassen kann, der ihn ganz und gar versteht.»

Und dann erklärte mir Louis Begley (und er fürchtete, mich damit zu enttäuschen): «Ich versichere Ihnen: Meine Motive beim Schreiben sind unkompliziert. Ich will nichts als eine gute Geschichte erzählen.»

Eine gute Geschichte. Ganz genau. Wie könnte mich das enttäuschen? Darum geht es mir doch.

Eine gute Geschichte wie die von einem Richter und einem Mercedesmann, die sich als Teenager eine Zigarette teilen – und seitdem das halbe Leben. Oder wie die von einem Rechtsanwalt und einem Journalisten, die am liebsten die Welt verdoppeln, verdreifachen würden, damit sie mehr Platz für ihre Theorien haben. Oder wie die von zwei zwölfjährigen Jungen, der eine kommt neu in die Klasse und ist ziemlich dick, aber der andere mag ihn einfach. Vierzig Jahre später sind die beiden immer noch befreundet, und der Sohn des einen fragt sich, wann er nur endlich einen Freund bekommen wird, wie der Vater einen hat.

Michael Kimmel und Mitchell, die ich meine, verbindet übrigens noch ein andere gute, traurige, gute Geschichte: Im zweiten Collegejahr in Vassar hatte Michael eine Freundin, Pam. Und die hatte eine beste Freundin. Also malten sich Michael und Pam aus, wie es wäre, wenn Mitchell sich in Pams beste Freundin verliebte. Und genauso geschah es. Eine Zeitlang waren sie zu viert. Aber dann wurde Mitchells Freundin sehr krank, Leberkrebs, und starb. Und Michael und Pam trennten sich. Mitchell, der am Boden zerstört war, verkroch sich ein halbes Jahr lang bei Michael, der inzwischen in Kalifornien studierte. Er kehrte schließlich nach Boston zurück – und verliebte sich in die Frau, die zuvor mit Michael zusammen war. Pam und Mitchell sind bis heute verheiratet, auch Michael ist mit seiner Exfreundin eng befreundet. «Bisschen inzestuös», sagte Mitchell, als er mir das erzählte, und lachte dabei. Bisschen auch wie erfunden. Bisschen wunderbar.

Aber nicht alle Geschichten sind wunderbare Geschichten. Jeder einzelne Mann, mit dem ich geredet habe, war sich vollkommen klar darüber, was für ein Riesenglück er mit seinem Freund gehabt hat. Wie unwahrscheinlich das ist, was sie aneinander haben, auch wenn es in der Welt oft vorkommt. Millionenfach vorkommt, aber trotzdem in dieser einen Kombination von zwei Menschen immer nur einmal. Und so sprachen sie höchstens mit vorsichtigem Stolz (wenn überhaupt mit Stolz) von ihrer Freundschaft: Denn das eine ist die Leistung, sie ein Leben lang aufrechtzuerhalten, mit all ihren Schwierigkeiten, Hindernissen, Umzügen – und das andere ist das Geschenk, das sie da bekommen haben, einfach so.

«Manche wären bestimmt fähig zur Freundschaft», sagte mir Erwin, «aber sie treffen den richtigen Menschen nicht. Und so wie ich glaube, dass es in der Geschichte keine Teleologie gibt, so glaube ich auch, dass in Freundschaften immer ein freies Spiel der Kräfte sein muss. Entweder man hat die Substanz, die Anziehung für den anderen – oder nicht. Mit bloßer Moral lässt sich auf Dauer keine Freundschaft einfordern.» Und je älter diese Männer werden, desto schwieriger wird es für sie, einen Freund zu finden. Frauen, sagte mir die Schriftstellerin Elke Heidenreich, sagte mir auch die Frauenforscherin Mechthilde Vahsen, falle es leichter, im Alter noch Freundinnen zu finden. Die Forschung bestätigt das, und bei meiner Mutter war es nach dem Tod meines Vaters genauso: Es schien, als käme mit jedem Jahr, das sie älter wurde, eine neue Freundin dazu. Als hätte bis dahin mein Vater ihre ganze Aufmerksamkeit auf sich gezogen, ja als hätte die ganze Familie über Jahre all ihre Kräfte gebunden, und als wir Kinder dann aus dem Haus waren und mein Vater nicht mehr da war, holte sie mit Lichtgeschwindigkeit nach, was sie verpasst hatte. Als sie starb, gab es mehr Freundinnen in ihrem Leben als jemals zuvor.

Vielleicht ist das eine Generationenfrage, vielleicht auch wieder der Zufall, vielleicht ändert sich das mit neuen Rollen von Vätern und Müttern: Es bleiben ja schon lange nicht mehr nur die einen zu Hause, während die anderen in die Welt gehen. Vielleicht gibt es aber doch etwas, was Männer von Frauen in ihren Freundschaften unterscheidet, und es zeigt sich erst im Alter, wenn das Leben in gespurten Bahnen verläuft, die man lieber nicht mehr verlässt: die Fähigkeit, sich anderen Menschen anzuvertrauen. Andererseits kann man ein noch so moderner, weltoffener, gut aussehender, belesener Supertyp sein: Wenn der Augenblick nicht kommt, die Gelegenheit sich nicht bietet, der Zufall nicht zuschlägt, nützt einem das wenig. Dann findet man den besten Freund nicht. Ich habe das ungute Gefühl, das war immer schon so. Daran hat sich im Lauf der Zeit nichts geändert. Es mag sich alles Mögliche ändern, die Rolle des Mannes, die Lage der Frau, die Familie, die Arbeitswelt, der Kapitalismus, aber der Zufall regiert immer, ganz unsentimental, und er bringt manche Männer zusammen und lässt andere allein. Das ist ungerecht und gemein, aber was will man machen. Die große Freiheit, die Freundschaft ausmacht, ja deren Ausdruck Freundschaft ist: Sie findet hier ihre Grenzen.

Und doch. Aber trotzdem: Die Geschichte jedes einzelnen Einzelfalls in diesem Buch ist die Geschichte eines Anfangs. Türen, die sich öffnen und nicht schließen. Ich gehe durch die Jahre, Jahrzehnte, Jahrhunderte und finde in jedem neue Beispiele bester Freunde, aber auch Beispiele für einen Typ Mann, dessen

Konturen sich immer deutlicher zeigten, auch wenn die Umstände nie die gleichen waren: Montaigne aus Bordeaux ist natürlich nicht Michel aus Harburg. Und Jonathan aus der Bibel natürlich nicht Jonathan aus New York. Aber wenn man die Freundschaften dieser Männer betrachtet, dann erkennt man plötzlich lauter Eigenschaften, die gar nicht dem Klischee entsprechen wollen, das mit jeder Geschlechterdebatte wieder neu gezeichnet wird, dem Feindbild des Chauvinisten, der dringend entmachtet gehört. Ich kenne diesen Typen ja auch, und er nervt mich genauso. Aber er hatte immer schon Gegenspieler. Es sind diese besten Freunde.

Diese Männer sind zum Beispiel keine Angeber. Ihnen ist Status fremd, wenn es um ihren Freund geht. Sie verzichten auf Beute, würde Robert Pfaller sagen, sie nutzen ihre Stärke und Privilegien nicht bis zum Letzten aus, sondern schenken freiwillig und fordern nicht zurück. Diese Männer haben Skrupel. Selbst wenn sie ehrgeizig sind, dann sind diese Männer bereit, für ihren Freund zurückzustecken, weil es nicht darauf ankommt, immer der Bessere zu sein. Diese Männer sind nicht zynisch, denn sie kennen die Schwächen des anderen und stellen sich davor, und sie kennen auch ihre eigenen Schwächen und haben keine Angst, sie zu zeigen. Sie gehen vorsichtig um mit dem Geschenk der Freundschaft. Sie haben ja auch einmal an dieser Schwelle gestanden, an der sich entscheidet, ob man sich anfreundet oder nicht, und sie wissen, welche Überwindung es kostet, sich zu trauen hinüberzugehen: Das lehrt Demut. Diese Männer neigen überhaupt stark zur Selbstreflexion. Sie sind nicht auf den Mund gefallen. Und misstrauen dem, was alle sagen. Sie wissen sehr genau, wie wichtig der Traum für das ist, was man das wahre Leben nennt. Sie haben nicht vergessen, wie es war, ein Kind zu sein. Sie hätten einfach abhauen können, als sich die Gelegenheit bot, aber sind es nicht. Und sie sind bei alledem immer in Zivil geblieben: Kein Eid, kein Zwang, kein Feind hält sie zusammen, keine Pflicht, nur Wohlwollen, Genuss, Spaß an der Freud und eine Art von Liebe, die auf Respekt gründet. Ich habe am Anfang dieses Buchs behauptet, ich hätte kein Männerbild, kein Ideal. Aber ich kann nicht verheimlichen, mir gefallen manche Eigenschaften einfach mehr als andere.

Aber sind das männliche Eigenschaften? Ja, natürlich. Und weibliche genauso. «Unsere Freundschaft ist weder männlich noch weiblich, sondern menschlich», hat Thomas über sich und Erwin gesagt. Das kommt der Wahrheit ziemlich nah. Aber wissen Sie was? Wenn jemand großzügig ist und aufmerksam und gerecht und mutig und knallköpfig, eigensinnig, witzig und frei, dann ist es mir egal, ob es sich um einen Mann oder eine Frau handelt. Ich hätte diesen Menschen gern zum Freund.

DANKE

Den Freunden: Erwin und Thomas, Manfred und Michel, Mitchell und Michael.

Christian Bamann, Antonia Baum, Louis Begley, Anneliese Fischer, Jonathan Franzen, Jens Gyarmaty, Elke Heidenreich, Christoph Kucklick, Richard Langston, Andreas Ledl, Andreas Lesti, Jürgen Luh, Hannelore Schlaffer, Wilhelm Trapp, Mechthilde Vahsen, Volker Weidermann.

Meinen Geschwistern. Und Bobby. Und Melanie für alles.

ZUM WEITERLESEN, WEITERHÖREN, WEITERSCHAUEN

Julian Barnes, «Metroland» (1980). Deutsch von Gertraude Krueger, Haffmans, Zürich 1989.

Bernd Begemann, «Bist du dabei?!», auf: «Solange die Rasenmäher singen», Rothenburg / EFA 1994.

Louis Begley, «Schmidts Bewährung» (2000). Deutsch von Christa Krüger, Suhrkamp, Frankfurt 2002.

Louis Begley, «Schmidts Einsicht». Deutsch von Christa Krüger, Suhrkamp, Berlin 2011.

«Brideshead Revisited. The Complete Series» (1981). Regie: Charles Sturridge, Michael Lindsay-Hogg. Granada Television / Video Collection International 2003.

Jonathan Franzen, «Freiheit». Deutsch von Bettina Abarbanell und Eike Schönfeld, Rowohlt, Reinbek 2010.

Jonathan Franzen, «Farther Away». Farrar, Straus and Giroux, New York 2012.

Fil, «Didi und Stulle 2: Höllenglocken». Reprodukt, Berlin 1999.

E. M. Forster, «Maurice» (1971). Deutsch von Nils-Henning von Hugo, Reclam, Leipzig 1990.

Max Frisch, «Montauk». Bibliothek Suhrkamp, Frankfurt 1975.

Stephen Fry, «Ich bin so Fry. Meine goldenen Jahre» (2010). Deutsch von Teja Schwaner, Aufbau, Berlin 2011.

John Green, «Paper Towns». Bloomsbury, London, Berlin and New York 2008.

John Green, «An Abundance of Katherines». Dutton, New York 2006.

Elke Heidenreich, «Männerfreundschaften», in: Kursbuch 127 / März 1997.

Elke Heidenreich, «Wo war eigentlich Lolitas Freundin?», in: Die Presse, 13. März 2010.

Helme Heine, «Richard. Wer dich besiegt, ist dein Freund». Middelhauve, Köln 1978.

Don Henley, «The Boys of Summer», Geffen / CBS 1984.

Hergé, «Der Schatz Rackhams des Roten»; «Das Geheimnis der ‹Einhorn›» (1941/42). Carlsen Comics, Reinbek 1982.

Wolfgang Herrndorf, «Tschick». Rowohlt Berlin, Berlin 2010.

Donald Justice, «Collected Poems». Knopf, New York 2004.

Thomas Karlauf (Hg.), «Deutsche Freunde. Zwölf Doppelporträts» (1995). rororo, Reinbek 1997.

Michael Kimmel, «Guyland. The Perilous World Where Boys Become Men». HarperCollins, New York 2008.

Stephen King, «The Body», in: «Different Seasons» (1982). Hodder, London 2007.

D. T. Max, «Every Love Story is a Ghost Story. A Life of David Foster Wallace». Viking, New York 2012.

Herman Melville, «Moby-Dick» (1851). Deutsch von Matthias Jendis, Hanser, München / Wien 2001.

Stuart Miller, «Männerfreundschaft» (1983). Deutsch von Rainer Bosch, Droemer Knaur, München 1988.

«Nordsee ist Mordsee» (1976). Regie: Hark Bohm, Studio Canal 2011.

Uwe A. Oster, «Sein Leben war das traurigste der Welt. Friedrich II. und der Kampf mit seinem Vater». Piper, München / Zürich 2011.

Robert Pfaller, «Zweite Welten. Und andere Lebenselixiere». Fischer, Frankfurt 2012.

Sempé & Goscinny, «Der kleine Nick» (1961). Deutsch von Hans-Georg Lenzen, Diogenes, Zürich 1974.

Maurice Sendak, Janice May Udry, Hans Manz, «Hans und Heinz» (1961). rororo rotfuchs, Reinbek 1975.

Susanna Sonnenberg, «She Matters. A Life in Friendships». Scribner, New York 2013.

Bruce Springsteen & The E Street Band, «Live 1975–85». Columbia 1986.

«Stand by Me. Das Geheimnis eines Sommers» (1986). Regie: Rob Reiner, Columbia Tristar Home Video 2000.

Mark Twain, «Tom Sawyer & Huckleberry Finn» (1876/84). Deutsch von Andreas Nohl, Hanser, München 2010.

Evelyn Waugh, «Brideshead Revisited. The Sacred and Profane Memories of Captain Charles Ryder» (1945). Penguin, London 1983.

«Wiedersehen mit Brideshead» (2008). Regie: Julian Jarrold. Concorde Home Entertainment 2009.

Robert J. Wiersema, «Walk Like A Man. Coming of Age with the Music of Bruce Springsteen». Greystone, Vancouver/Toronto/Berkeley 2011.

«Ziemlich beste Freunde» (2011). Regie: Eric Toledano, Olivier Nakache, Senator Home Entertainment 2012.

MIX
Papier aus verantwortungsvollen Quellen
FSC® C083411

Das für dieses Buch verwendete FSC®-zertifizierte Papier *Schleipen Werkdruck* liefert Cordier, Deutschland.